建築学縁祭 2022
オフィシャルブック

～Rookie選～
首都圏大学・専門学校 設計課題シンポジウム
首都圏建築学生 活動発表会

総合資格学院／建築学縁祭学生実行委員会 編

JN055232

はじめに

第2回目の建築学縁祭は、2022年3月から動き始めました。
私たち実行委員は、人と人との「繋」が気薄となりつつあるこのご時世で、
少しでも多くの「縁」が生まれる場となればいいな、
という想いを込めて運営して参りました。

今年度の建築学縁祭は、今後の建築学縁祭の基礎となっていく年になると考えたため、
昨年度でできなかったことや反省点はもちろん、
内容を形に残すことを目標にしていました。
そんな中、昨年度に引き続き参加してくださった方々、
今年度から参加してくださった方々と、
実行委員間で足並みを揃えることがとても困難でした。
それでも私を信じてついて来てくださった実行委員の方々に感謝の気持ちでいっぱいです。
さらに、無事建築学縁祭を開催し終えることができたのは、
運営面と資金面でサポートしてくださった総合資格学院様をはじめ、
数多くの協賛してくださった企業様、後援団体様のおかげです。
この場を借りて厚く御礼申し上げます。

今後の建築学縁祭が首都圏の建築学生の学びの場となるよう、
そして、建築学縁祭に関わってくださる皆さまの「祭」のような存在であり続けられるよう、
心より祈っています。

建築学縁祭学生実行委員会 実行委員長
関口 結理奈

建築学縁祭の開催およびオフィシャルブック発刊にあたって

日本で最も多くの1級建築士試験合格者を輩出し続ける教育機関として、

No.1の教育プログラムと合格システムを常に進化させ、

ハイレベルなスキルと高い倫理観を持つ技術者の育成を通じ、

建設業界そして社会に貢献する──、それを企業理念として、当学院は創業以来、

建築関係を中心とした資格スクールを運営してきました。

昨今、建設業界の技術者不足が深刻化していますが、

当学院はそれを解消することを使命と考え、建築に関わる人々の育成に日々努めています。

その一環として、設計展への協賛や作品集の発行など、

建築学生の方々への支援を全国で行っています。

2回目を迎えた「建築学縁祭」も、学生の方々の夢への一歩を強く後押しするものとして企画しました。

建築学生の方々は日々、学内で課される設計演習で知識と技術を習得し、設計の腕を磨いています。

その過程で学校を飛び出し、学外の評価・批評に晒され、

学外の仲間の作品に触れることは大きな経験となるはずです。

本会の「〜Rookie選〜」が初めての他流試合となる方も多かったと思います。

また本会は、設計教育のあり方を議論する教員の方々によるシンポジウムや、

建築学生サークル・プロジェクトの活動発表会、建築写真展など多様なプログラムが用意されました。

本会が学内の枠を超えて「縁」を結ぶ場として、大盛況となりましたことをとても嬉しく思います。

本書は、その大会の一部始終を収録したオフィシャルブックです。

出展作品の紹介はもちろん、受賞者のインタビュー記事や学生実行委員会の活動記録など、

特別企画も盛り込み非常に充実した内容となっています。本書が広く社会に発信されることで、

本会がより一層有意義な場として発展していくことを願っています。

現在、新型コロナウイルスの感染拡大はその猛威をやや弱めつつありますが、

気候変動や戦争など、私たちの社会にはグローバルな課題が数多く存在します。

しかし、若い時に得たつながりは将来の助けになり、大きな力になるはずです。

「建築学縁祭」に参加された皆様が、本会で得た「縁」を大切に、

将来、国内だけに留まらず世界に羽ばたき、

各国の家づくり、都市づくりに貢献されることを期待しています。

総合資格 代表取締役
岸 和子

CONTENTS

開催概要

開催主旨

2021年に誕生し、第2回目となる建築設計イベント「建築学縁祭2022 〜Rookie選〜」は、
東京・神奈川・千葉・埼玉の1都3県(首都圏)および北関東のエリアの建築学生を対象とした、
フリーエントリー制の設計課題講評審査会です。
依然として続くコロナ禍の状況を鑑み、首都近郊のアクセスの利便性を活かすことで、
一人でも多くの建築を学ぶ学生に「腕試しの場」を提供することを目的としています。
授業で取り組んだ「設計課題」を自主応募する講評審査会であり、
チャレンジ精神で挑んでいただくことを期待します。
また、建築学生の交流の場としても位置づけ、
学生間で競い合うことで皆さんのレベルアップとプレゼン力の向上も図ります。
会場には一次審査を通過した100作品を展示し、自身の作品と他校の作品を比較することで、
普段受けている建築教育を客観的に理解することができ、
各校の教育効果の向上も見込まれると考えます。
また、講評審査会(〜Rookie選〜)以外にも、設計教育の課題や問題を議論する場として、
建築教員によるトークディスカッション「首都圏大学・専門学校 設計課題シンポジウム」、
各大学・専門学校の建築サークルや学生プロジェクトの活動を紹介する
「首都圏建築学生 活動発表会」を併せて開催します。

主催

総合資格学院／建築学縁祭学生実行委員会

会期

2022年 9月 2日(金)〜4日(日)

会場

工学院大学 新宿アトリウム

建築学縁祭 公式HP・SNS

HP

Twitter

Instagram

9月2日(金)〜4日(日)

作品展覧会【100選】

一般公開での模型・パネルの展示。一次審査を通過した100選の出展作品が場内に一堂に会する。

『繋』建築写真展

建築学生から募った建築写真を展示。来場者による投票で審査する、
建築学縁祭学生実行委員会オリジナル企画。

9月3日(土)

12:30〜 **首都圏大学・専門学校 設計課題シンポジウム**

設計課題について議論する、建築教員による公開討論会。
首都圏の大学・専門学校から、実際に設計課題の授業を担当している教員、
課題制作に関わっている教員など、5名のパネリストが参加する。
現在の設計課題に関する議論を通じて、これからの設計課題、設計教育のあり方を見据えるシンポジウム。

16:00〜 **首都圏建築学生 活動発表会**

首都圏の大学や専門学校における、建築サークル・学生プロジェクト団体の活動発表会。
授業外で「建築」の考え方や捉え方を研究する建築サークル、
低学年から高学年までの縦の学年のつながりや、
他校とのネットワークによる学生プロジェクトチームなど5団体が参加。
日頃の活動の成果をプレゼンテーションする。

9月4日(日)

〜Rookie選〜

10:00〜 **巡回審査**

13:00〜 **公開審査**

17:00〜 **表彰式**

首都圏エリア(東京・神奈川・千葉・埼玉)および北関東エリアの
現役建築学生を主な対象とした講評審査会。大学、専門学校の3年前期までの授業で取り組んだ
「設計課題」における作品をフリーエントリーし、学校間の垣根を超えて競い合う。
事前に行われた一次審査を通過した100選から巡回審査で10選に絞り込まれ、
公開審査でのプレゼンテーション、議論を経て、「最優秀賞＝首都圏No.1 Rookie」を決定する。

The ARCHITECTURAL SCHOOL FESTIVAL
for NEXUS 2022®

~Rookie選~
Rookies Selection

首都圏No.1 Rookieとなった最優秀賞作品から100選まで出展全作品を紹介。併せて、一次審査から本選の二次審査、公開審査の最終議論まで、審査の行方を追う。

～Ｒｏｏｋｉｅ選～

開 催 概 要

首都圏エリア（東京・神奈川・千葉・埼玉）および北関東エリアを中心に、建築を学ぶ学生を対象とし、

学校の授業で取り組んだ「設計課題」での作品を募る、フリーエントリーによる個人競技の

設計講評審査会（チーム課題・グループ課題も可）。大学、専門学校の３年生前期までの課題を自身で選び、

ブラッシュアップして臨むことを期待する。応募作品は事前に行われる一次審査で、

本選に進む100選に絞り込まれ、本選では会場に100選の模型とパネルを展示。

巡回審査と公開審査でのプレゼンテーション、質疑応答、最終議論を経て

「最優秀賞＝首都圏No.1 Rookie」と各賞が決定される。

建築を学ぶ多くの学生やさまざまな大学の教員、建築家、建築・建設関係者に

直接作品を見てもらうことで、学生のレベルアップとプレゼン力の向上を図る。

また、建築文化の交流にもつながり、自身の作品を他校の学生作品と比較することで客観的視野を養い、

互いに切磋琢磨することを目的とする。

審 査 方 式

2022年8月9日(火)＿＿＿＿＿　　　2022年9月4日(日)＿＿＿＿＿

一次審査（非公開）
エントリーされた全ての作品を対象に、提出されたプレゼンテーション資料をもとに行う事前審査。本選に進む100選の作品を選出する。

▶ **巡回審査**
会場に展示された100選の作品を審査員が巡回するポスターセッション。各作品の前に出展者が立ち、巡回してきた審査員との質疑応答を行う。巡回審査を踏まえて審査員による投票を実施し、公開審査に進む10選を選出。

▶ **公開審査**
巡回審査で選ばれた10選によるプレゼンテーションと質疑応答を行う。各作品の持ち時間はプレゼンテーション３分＋質疑応答３分の計６分。プレゼン・質疑応答の終了後、最終議論・投票を経て最優秀賞と各賞を決定。

表 彰

👑 最優秀賞（1作品）　　👑 優秀賞（2作品）　　👑 ポラス賞（1作品）　　👑 佳作（4作品）

👑 メルディア賞（1作品）　　👑 審査員賞（6作品）
※10選以外を対象とする

👑 総合資格賞（1作品）

~Rookie選~
受賞作品
Award Winning Works

日常のうらがわを

武蔵野美術大学 造形学部 建築学科
吉村 優里

日常のうらがわを

武蔵野美術大学 造形学部 建築学科 3年

吉村 優里
YURI YOSHIMURA

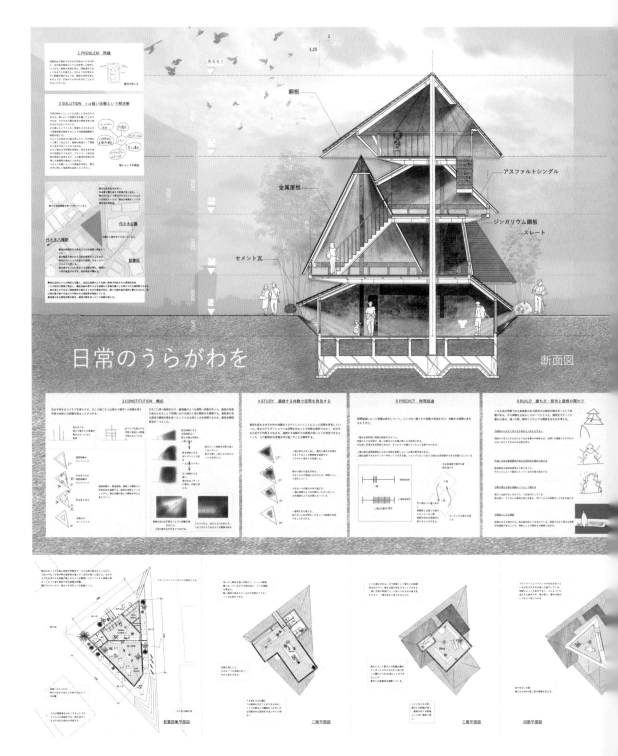

日常のうらがわを

断面図

情報社会の現在ではもはや日常はスマホの中に、非日常は現実のリアルな世界へと移行しつつある。時間の感覚を忘れ、情報過多で苦しくなることが増えた。そのような日常から少し距離を取れるような、現実の世界を楽しめるような、日常のうらがわを作ることはできないだろうか。

設計課題名：都市の環境単位〜富ヶ谷〜
プログラム：複合施設
敷　　地：東京都渋谷区富ヶ谷
制作期間：3カ月

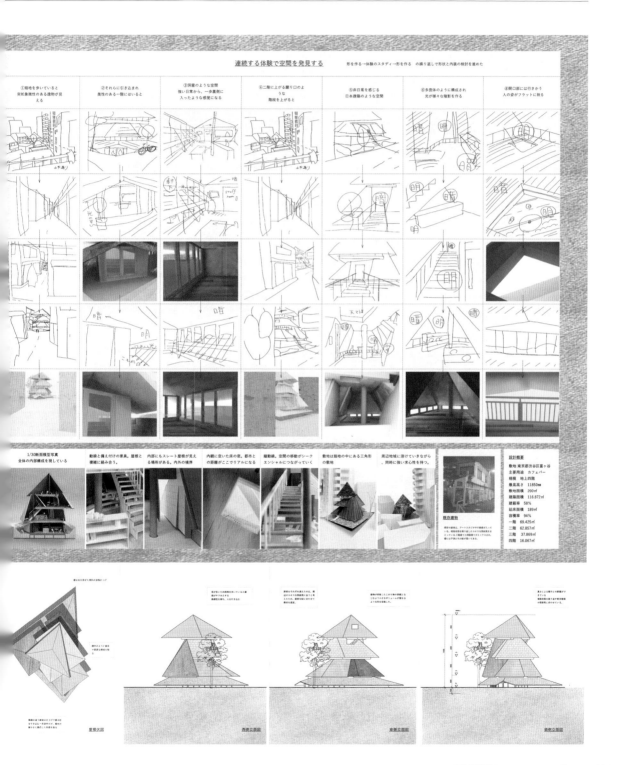

連続する体験で空間を発見する

学び場のらく書き
ー 大学図書館を外濠に再編し、重なる床と包む屋根で上書きする ー

法政大学 デザイン工学部 建築学科
奥田 真由

学び場のらく書き
― 大学図書館を外濠に再編し、重なる床と包む屋根で上書きする ―

法政大学 デザイン工学部 建築学科 3年
奥田 真由
MAYU OKUDA

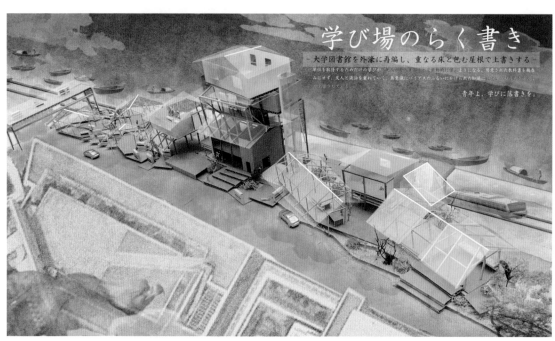

学び場のらく書き
―大学図書館を外濠に再編し、重なる床と包む屋根で上書きする―

青年よ、学びに落書きを。

其の一【背景】学生が乱入した解放区・外濠にできた路（みち）

歴史
1603年 江戸幕府が誕生して以降、市ヶ谷は軍事区域として発展してきた
1921年 市ヶ谷に大学キャンパスが移転する
1927年 学生が帽子を土手に放り込むことから外濠が開放される

其の二【思想】外濠にある浮世絵の面影

同じ場所でも季節や行事など伝えたいことに合わせて描かれ方が異なる

其の三【手法】重なりが賑わう浮世絵から道の拡張・立体化

其の四【提案】他人の仲介によって新たな学びを得る

其の五【断面】水平材の余白と使われ方

其の六【空間】浮世絵の構図から魅せる居場所を抽出する

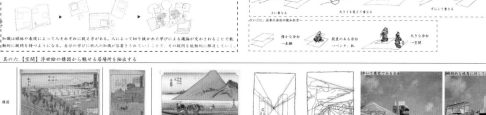

独りよがりの学びに他人が介入することで能動的に学ぶ様子を浮世絵ととも
もに設計する。大学卒業後、消えてしまう知識ではなく議論を通し、残り続け
る知識が必要だ。通学路を歩く時に目に映ったお気に入りの景色がまるでフレームに収め
られるような自身の体験から外濠に浮世絵らしさを感じた。江戸時代、浮世絵に描かれた外
濠には自分と他人の時間が重なり、それは今でも面影が残る。自由にらく書きしていくように
用意された教科書に他人と議論していく過程で自分なりの答えを見つけていく。

設計課題名：大学図書館の再構想
プログラム：図書館
敷　　　地：東京都千代田区富士見
制作期間：2カ月

其の七．【平面図】路にできた賑わいを図書館で繋ぐ

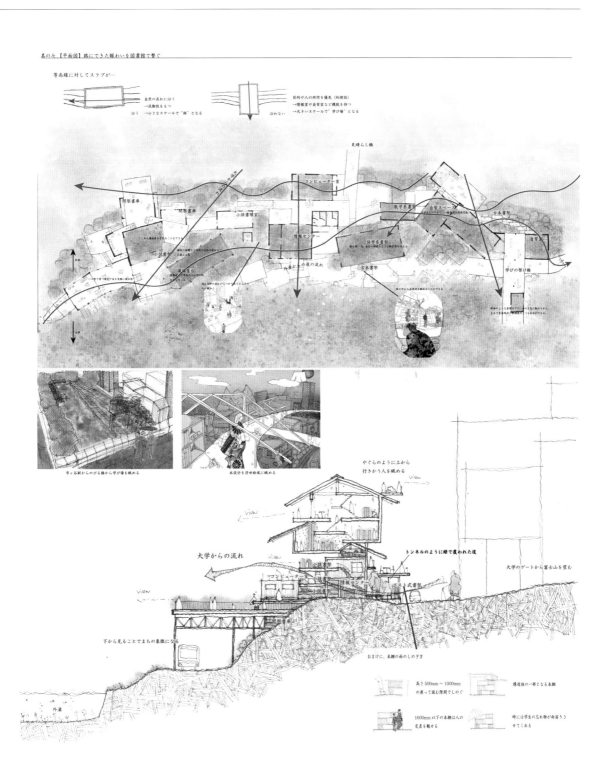

優秀賞
No.
0252

Worm Chair

慶應義塾大学 環境情報学部 環境情報学科
藤原 彰大

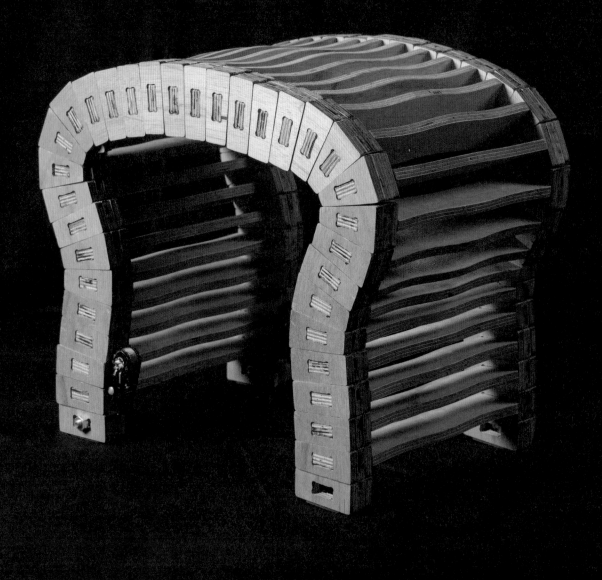

優秀賞
No.
0252

Worm Chair

慶應義塾大学 環境情報学部 環境情報学科 2年

藤原 彰大
AKIHIRO FUJIWARA

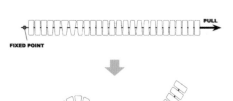

台形のピースを並べ、ベルトを通すことでテンションをかけた際に縦軸の動きを実現。平面に畳んだ状態では予想もしないような造形を可能にした。また、ベルトの締め具合により、座面のクッション性を調節することができることも魅力である。上図は椅子が組みあがる様子を表している。

テンションの調節には、ラッシングベルトを用いた。ラッシングベルトとはバックルの反復動作を繰り返すことでベルトを締めることができるラチェット式の器具である。足はそれぞれ3つの層からなっていて、ベルトは中間層を一周するかたちで通っている。これにより、バックルの動作ひとつで椅子全体の形を変形させることができる。

設計主旨 本授業では、3Dソフトを用いて設計を行い、三六判合板一枚という制約の中で椅子を制作することが求められた。この課題に対し私は尺取り虫のように組み上がる椅子を提案した。椅子として使用しない場合折りたたみ、収納することが可能である。設計の際には、発生する端材を最小に抑えるために、合板の隅々まで部材を敷き詰め、限られた材料を最大限活用した。同時に椅子のかたちの可能性を検討する作業を効率化するために、曲線から形を定めるプログラムを作成した。

設計課題名：**デジタルデザイン基礎**
プログラム：**椅子**
敷　　地：—
制作期間：**3カ月**

Curve to Shape

椅子の造形を検討する際に、自動で曲線にそって台形を並べるプログラムを作成した。今回制作した椅子は、本課題の制約のため部材のおさまりが良い左右対称の形を定めたが、このシステムを用いれば想像できる曲線すべてを形に変換することができる。

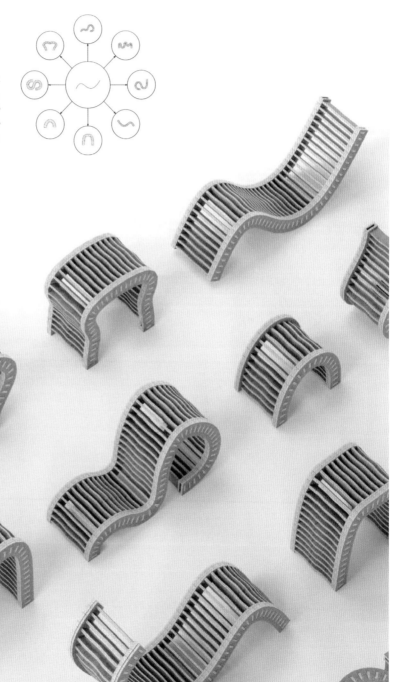

「ハレ、ケ、ケガレ、ハレ」

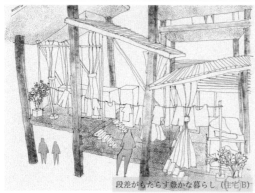

段差がもたらす豊かな暮らし (住宅 B)

商う場と暮らしが繋がる

00, 門前町として栄えた　敷地：東京都大田区池上

SITE

法政大学 デザイン工学部 建築学科 3年
小川 七実
NANAMI OGAWA

「ハレ、ケ、ケガレ、ハレ」
~ 狭小住宅を再構築した住空間 ~

門前町として栄えた大田区池上。そこに住む人々の暮らしには「ハレとケ」が存在する。
ここでは、池上における住空間を再構築し、
"銭湯" という地域のコミュニティ空間に付着させる事で実現できる、
豊かな住空間と新たなコミュニティ文化を形成する集合住宅を提案する。

設計主旨

門前町として栄えた大田区池上。そこに住む人々の暮らしには「ハレとケ」が存在する。そんな敷地に30㎡の狭小住宅が、"銭湯"という地域のコミュニティ空間に付着することで実現できる、豊かな住空間と新たなコミュニティ文化を形成する集合住宅を提案する。

設計課題名：Bathhouse Apartment
プログラム：集合住宅
敷　地：東京都大田区池上
制作期間：1.5カ月

02, 背景：このまちの「ハレとケ」

□寺ならではの文化によって形成されるまち

□ハレ一年に一度の祭り（御会式）

03, 提案：まちの「ハレとケ」に溶け込む

30㎡の狭小住宅は、「住まう」ことに対して豊かさがない。

30㎡から内壁を捨て、フロアで機能を分断しつつ、住宅としては、一つの空間とする。

さらに30㎡の住空間から浴室部分を除き、その機能を銭湯に集約させる。

機能が除かれた空間は外部とする。

外部となった空間は、ハレの日を含め、まち全体に開かれる。

住宅をずらしていくことで生まれた空間に商業的要素が入り込む。

ここでのスタートアップは高齢化した商店街に還元されていく「豊かな住空間」の構築は、まち全体の豊かさに繋がっていく

04, "ケ"の再構築

□30㎡の形成

□付着した商業機能

01.36㎡の平面を作る　02.ボリュームを4つに分割する　03.600mmずつ貫入させる　04. 壁を排除する　05.ずらした空間の応用

□再構築は豊かさに繋がる

小さな階段　　住民にとっての目標　　ちょっと低い机　　隠密の押入れ　　ちょっと高めの椅子

05, 住み手がまちと繋がる

□住宅機能の分散によって展開されていく外部

01. 平面から洗面室と浴室を除く　　02. 洗面室と浴室の機能を銭湯に集約させる　除かれた部分を外部とし、周辺環境と交流できる場にする

□6住戸それぞれの外部

住宅A　　住宅B　　住宅C

住宅D　　住宅E　　住宅F

06, 銭湯と住空間の融合

住宅部分　　木造　　銭湯部分　　RC造　　CPT　　木造　RC造

07, 「ハレとケ」で展開される暮らし

ハレ 御会式の日　　　　　　ケ 日常

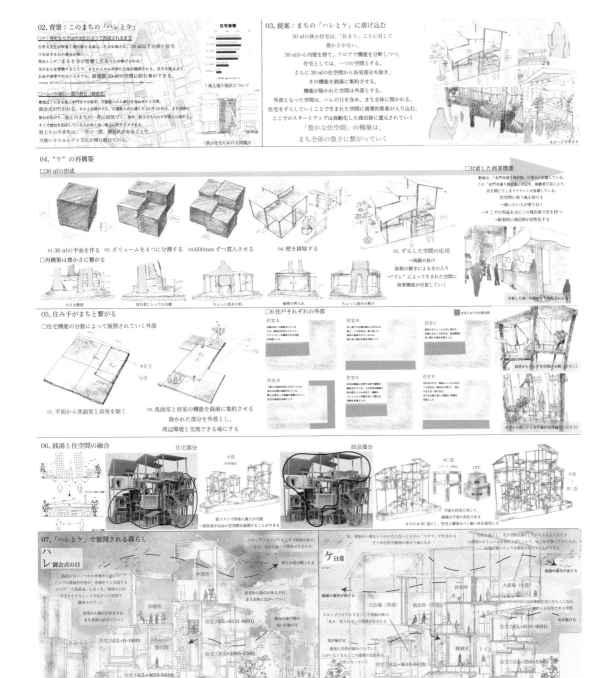

手漉き紙に綴る

法政大学 デザイン工学部 建築学科 3年

法兼 知杏
CHIA NORIKANE

①図書館と創作活動（漉き返し）

印刷の街・神楽坂で古紙や図書館の除籍された本から再生紙を作る→＊漉き返しを行う
インプットだけではなく地域の人が情報をアウトプットできる図書館の提案

＊漉き返し…古紙から再生紙を作ること。自宅でもできるくらい単純な作業で行うことができる

②産業廃棄物（古紙）の再利用

図書館で除籍された本

地域からの古紙回収

印刷会社の損紙

製本会社の裁ち落とし紙

出版社の残本

→古紙を自ら再利用することで地域に根付く紙産業がより身近に感じられる

③漉き返しによる地域サイクル

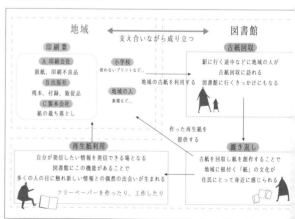

地域　　←支え合いながら成り立つ→　　図書館

印刷業

A 印刷会社
損紙、印刷不良品
B 出版社
残本、付録、販促品
C 製本会社
紙の裁ち落とし

小学校
使わないプリントなど…

地域の人
新聞など…

古紙回収
駅に行く途中などに地域の人が
古紙回収に訪れる
図書館に行くきっかけにもなる

地域の古紙を利用する

作った再生紙を
提供する

漉き返し
古紙を回収し紙を創作することで
地域に根付く「紙」の文化が
住民にとって身近に感じられる

再生紙利用
自分が発信したい情報を発信できる場となる
図書館にこの機能があることで
多くの人の目に触れ新しい情報との偶然の出会いが生まれる

フリーペーパーを作ったり、工作したり

設計主旨 ネットで情報を調べられる時代に、情報収集のためだけの機能を持った図書館には人が訪れなくなるだろう。印刷の街・神楽坂からの古紙回収、図書館から除籍された本を回収して再生紙を作る創作の機能を入れた図書館を提案する。印刷の街で、紙を作り地域に還元することで、神楽坂の街の中心となる公共施設となる。出来立ての紙に地域の情報を印刷し図書館内に展示などをして、図書館が地域の人のアウトプットの場と変わっていく。

設計課題名：探索・散策・創作の図書館
プログラム：図書館
敷　　　地：東京都神楽坂
制作期間：1.5カ月

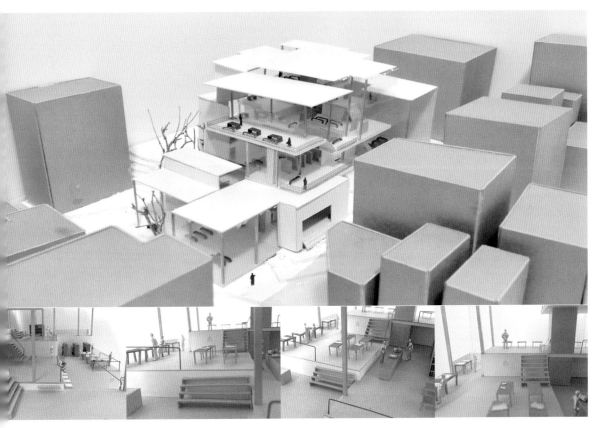

レベル差によるつながり

　古紙を回収し、紙を漉き、再生紙を作るという一連の流れが少しレベル差のあるフロアで緩やかにつながっている。互いの活動が見えることで新しいつながりが生まれる。
　作成した紙はフリーペーパーにしたり、子供が工作に使える。
図書館内に自由に展示し、この公共図書館が情報発信の場所となる。

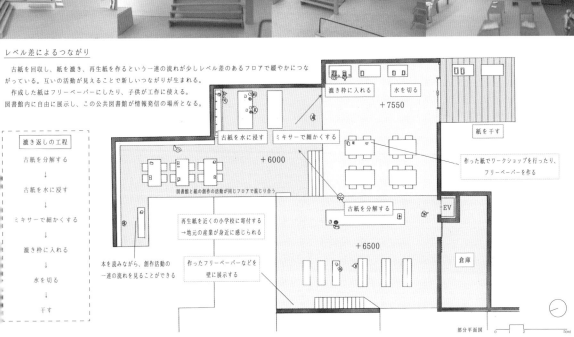

漉き返しの工程

古紙を分解する
↓
古紙を水に浸す
↓
ミキサーで細かくする
↓
漉き枠に入れる
↓
水を切る
↓
干す

総合資格賞
No.
0385

みせるウチ、つなぐソト
～視線と動線が生み出すコミュニティ～

芝浦工業大学 建築学部 建築学科 2年
大池 智美
TOMOMI OIKE

01. 敷地

　江戸時代に石置き場として使われていた古石場は、当時町中に張り巡らされていた水路が面影を残す。全長750メートルもの細長い親水公園は両側に緑が植えられ、子供たちの壁画なども見られる。犬の散歩やウォーキングをするお年寄りから水遊びをする子供まで多世代が集う場所となっている。

02. 配置計画

1. 親水公園や遊歩道に
人を呼び込む動線を確保する。

2. 動線に合わせて
1階をずらして配置する。

03. ダイアグラム

1. 二階建て住宅

2. 上下のボリュームを
ずらす・変える

3. 2つのボリュームを
屋根で覆う

4. 屋根の棟で
ボリュームを切断

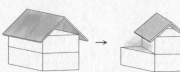

設計主旨 この敷地周辺の住宅は、公園に面してブロック塀を築いており、どこも親水
公園に対して閉ざされている。空間的な閉鎖は、社会的な閉鎖さえも生み出
してしまう。この解決を図るため、3軒の家が公園に対しても、まちに対しても開放的である
べきだと考えた。そこで、人の動線と視線という2点に着目し、この3軒の住宅兼店舗によっ
て地域の憩いの場となるような場を目指す。

設計課題名：**ホームオフィスのある家**
プログラム：**住宅**
敷　　地：**東京都江東区古石場**
制作期間：**1ヵ月**

04. 平面図

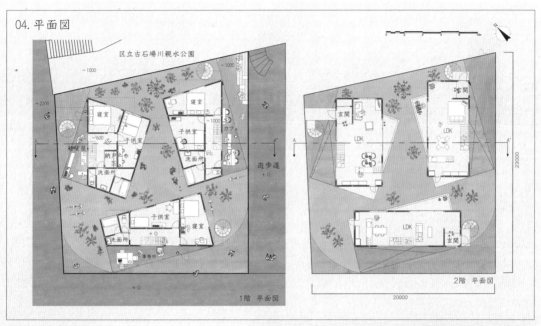

区立古石場川親水公園

1階 平面図

2階 平面図

ガラス張りで開放的な吹抜け空間は
一階までおちる三角の屋根によって
道行く人の視線を程よく遮る

05. A-A' 断面図

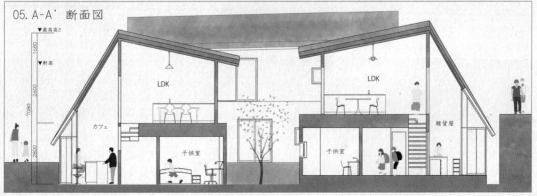

AperTUBE

武蔵野美術大学 造形学部 建築学科 3年

山田 遼真
RYOMA YAMADA

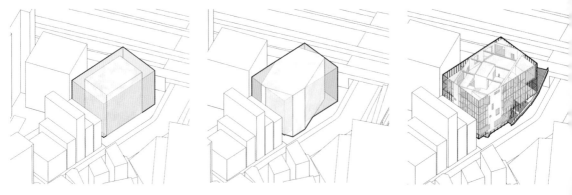

電車や車の騒音や人目も多いこの敷地に子供の居場所を中心とした交流施設を計画する。こうした周辺環境に対して、子供たちの安全面から単に閉じた建築にするのではなく、閉じていながらも開いているような関係性をスタディした。私は、内部と外部の境界である壁や窓、扉に厚みをもたせることで、このような関係を築けるのではないかと考えた。外部とは遠くなる一方、今まで何気なく認識していた窓や外の様子が印象的に映る。厚みのある窓で切り取られた風景や奥行きなどを人が選択して、その時々に応じた居場所を発見していく。

設計課題名：都市の環境単位
プログラム：子供スペース・コワーキングスペース・集会所
敷　　　地：東京都渋谷区
制作期間：1.5カ月

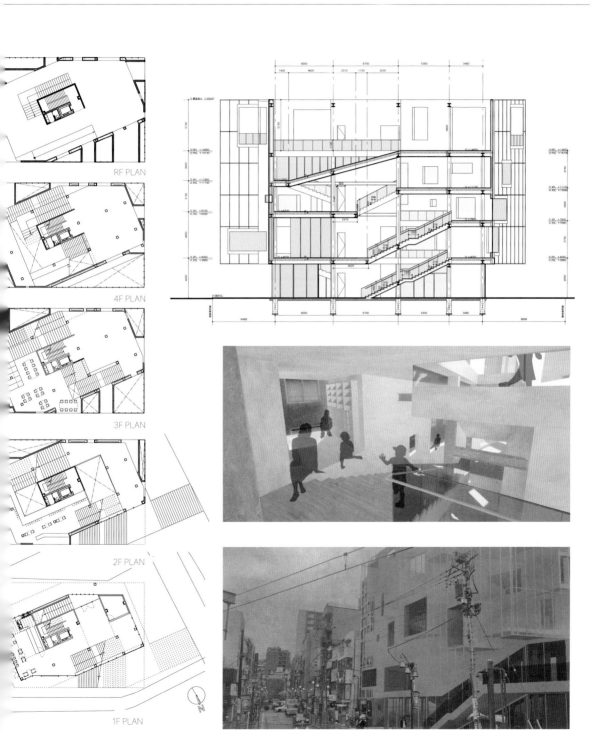

RF PLAN

4F PLAN

3F PLAN

2F PLAN

1F PLAN

織りなす床
―上下に広がる公共性 ―

法政大学 デザイン工学部 建築学科 3年
角田 翔
SHO KAKUDA

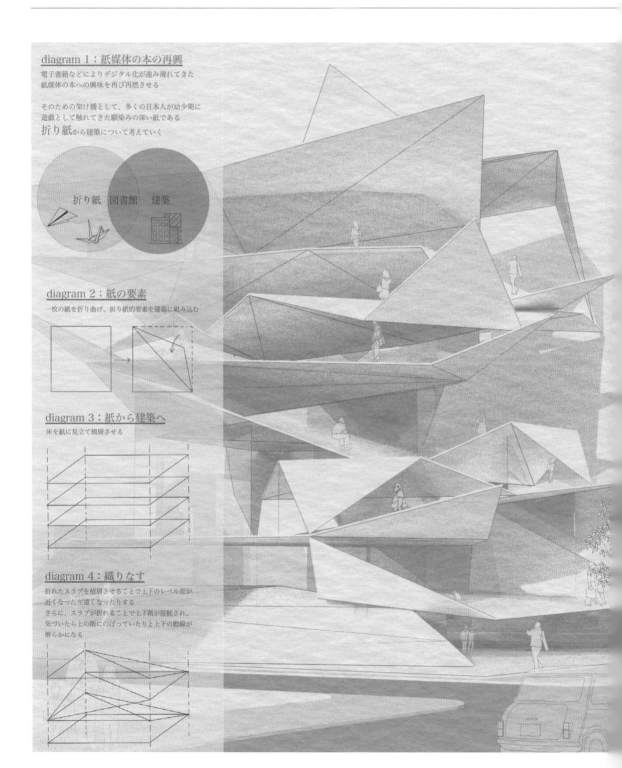

diagram 1：紙媒体の本の再興

電子書籍などによりデジタル化が進み薄れてきた
紙媒体の本への興味を再び再燃させる

そのための架け橋として、多くの日本人が幼少期に
遊戯として触れてきた馴染みの深い紙である
折り紙から建築について考えていく

折り紙 図書館 建築

diagram 2：紙の要素

一枚の紙を折り曲げ、折り紙的要素を建築に組み込む

diagram 3：紙から建築へ

床を紙に見立て積層させる

diagram 4：織りなす

折れたスラブを積層させることで上下のレベル差が
近くなったり遠くなったりする
さらに、スラブが折れることで上下階が接続され、
気づいたら上の階にのぼっていたりと上下の動線が
滑らかになる

設計課題名：公共性のある図書館
プログラム：図書館
敷　　　地：東京都港区北青山3-3-16
制作期間：1.5カ月

設計主旨　今でも幼少期に読んだ本の記憶が残っている。それは紙の匂いや手触りがその本の記憶として残るからだ。デジタル化が進んだ現代において、本は紙からデジタルへ媒体が変わりつつある。そのため、現代人の本への興味は薄れているように感じる。敷地は青山児童館のある場所。周りでは高層ビルや自然が混ざり合う。この街の人は、居場所を求め歩いている人や、居場所を見つけ木陰で休憩する人がいる。この動きの対比が街全体に広がり街の面白さを際立たせている。この動きの対比を兼ね、紙媒体の本への興味を取り戻す図書館を提案する。

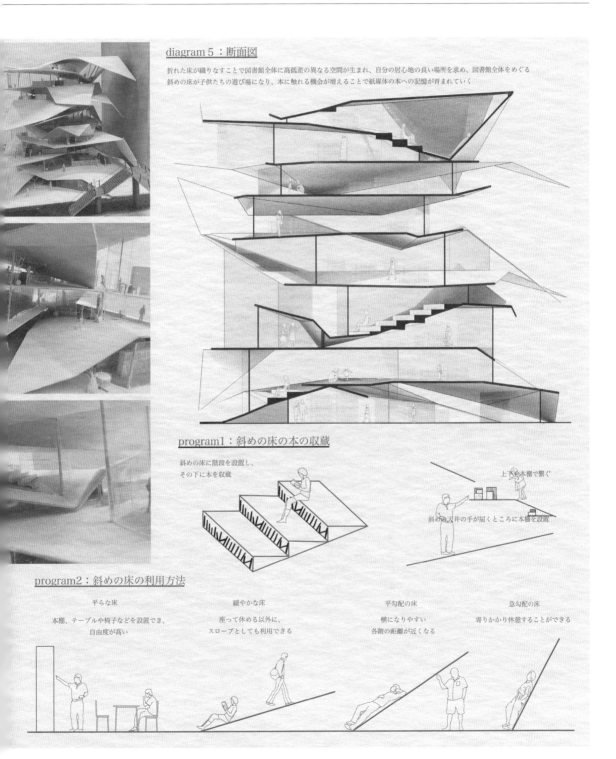

diagram 5 ：断面図

折れた床が織りなすことで図書館全体に高低差の異なる空間が生まれ、自分の居心地の良い場所を求め、図書館全体をめぐる
斜めの床が子供たちの遊び場になり、本に触れる機会が増えることで紙媒体の本への記憶が育まれていく

program1：斜めの床の本の収蔵

斜めの床に階段を設置し、
その下に本を収蔵

上下を本棚で繋ぐ

斜めの天井の手が届くところに本棚を設置

program2：斜めの床の利用方法

平らな床
本棚、テーブルや椅子などを設置でき、
自由度が高い

緩やかな床
座って休める以外に、
スロープとしても利用できる

平勾配の床
横になりやすい
各階の距離が近くなる

急勾配の床
寄りかかり休憩することができる

佳作
No.
0381

流れを纏う。

東海大学 工学部 建築学科 3年
猿山 綾花
AYAKA SARUYAMA

Concept

従来の空間は壁やガラスなどで箱がつくられ、
その中に決まりきった大きさの空間が作られていた。
変化する事の無い確固たる境界が形成され、
外から来る人が中に入りにくい空間が出来てしまう。

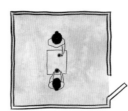

囲む空間から
　　纏う空間へ

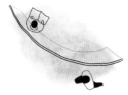

壁に空間を纏わせるように設計する事により、
柔軟性を持った空間が内外をグラデーション状に
生活のシーンによって内にも外にもなるような
曖昧な中間領域が生まれる。

設計主旨 地面から立ち上がる4枚の壁が光や風、人々の生活、そして空間を纏う。2人の建築家がSOHOとして利用する為、生活のシーンによって内外の境界が変化するような空間が求められる。そこで可変的な境界を作るために、壁に沿って居住空間を配置し外部空間と内部空間をグラデーション状に繋いだ。敷地は長野県軽井沢町の3方向を森に囲まれた自然豊かな別荘街に位置する。周辺に自生する木々が半円状の壁の延長のように感じられ外部空間を補完し囲まれている外部、という内外の中間領域を生み出す。空間を決める境界を操作することで、生活に寄り添うSOHOを提案する。

設計課題名：リンカクのないイエ
プログラム：住宅
敷　地：長野県軽井沢町
制作期間：1カ月

Background

コロナ以前

コロナ以前は訪れた第三者を家の中に上げる事にさほど抵抗はなかった。内外の明確な境界はあるがそれを超えることが可能であった。

コロナ禍

コロナ禍において他人を家に上げる事に対するハードルが上がった。より確固たる内外の境界が形成され、それを超えることは難しくなった。

今求められる住宅

生活のシーンによって流転する柔軟性を持った住宅だ。内外境界を曖昧にすることで実現する広がりのある住宅である。

Program

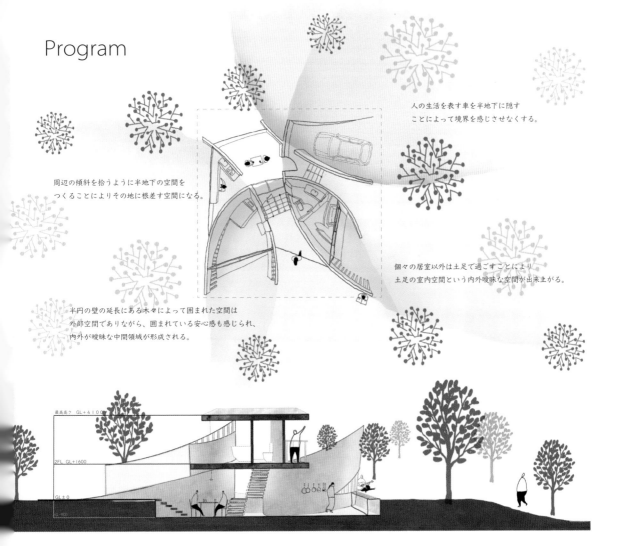

周辺の傾斜を拾うように半地下の空間をつくることによりその地に根差す空間になる。

人の生活を表す車を半地下に隠すことによって境界を感じさせなくする。

個々の居室以外は土足で過ごすことにより土足の室内空間という内外曖昧な空間が出来上がる。

半円の壁の延長にある木々によって囲まれた空間は外部空間でありながら、囲まれている安心感も感じられ、内外が曖昧な中間領域が形成される。

夜の図書館
— 誰かの存在を微かに感じながら過ごすシンジュクラーニングコモンズ —

早稲田大学 創造理工学部 建築学科 3年

杉山 美緒
MIO SUGIYAMA

SITE

敷地の高田馬場周辺は、駅 住宅 商業施設 教育施設福祉施設 などの多様な用途の空間が高密度に集積している、多くの目的地がある場所である。
高田馬場で見かける人々のほとんどが、夜になると交通機関を使って自分が住む街へと帰っていく。

在住人口と
通勤・通学人口の比率

CONCEPT

目的地と目的地を繋ぐ図書館を設計する。図書館は夜になると開き、目的地を後にした人々を受け入れる。人々のシルエットは映し出され、訪れる人は他人の存在をささやかに感じながら、夜の間を過ごす。

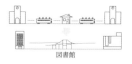

図書館

DIAGRAM

① ボリュームを小さなボリュームへと分割。図書館全体がまちのようで、多方向から人を受け入れる
② 本棚とボリュームが空間やみちをつくる
③ 図書館を見渡すため、また近隣に住む人々の日射・視界確保のため、ボリュームを貫いたヴォイドや開口部を設ける
④ 大屋根から落ちてくる壁や柱が、半屋外空間を生みだす
⑤ 壁や屋根に人々のシルエットを映し、顔は見えないけれど人の存在を感じられる、夜の図書館が成立する

設計課題名:『シンジュク・ラーニング・コモンズ』
－新宿区立中央図書館分館計画－

プログラム:図書館

敷　地：新宿区大久保3丁目
　　　　（大久保三角公園及びその周辺）

制作期間：3カ月

設計主旨

敷地周辺は、さまざまな用途の空間が高密度に集積している。言い換えると、ここには多くの目的地が存在する。またここで見かける人々のほとんどが、夜になると交通機関を使って自分が住む町へと帰ってしまう。そこで私は、夜から朝にかけて目的地と目的地を繋ぐ図書館を設計する。夜になると図書館は開き、目的地を後にした人々を受け入れる。アルミ板の屋根やセラミックプリントのガラスなどが中にいる人々のシルエットを映し出し、訪れる人は他人の存在を微かに感じながら過ごす。忙しない日常の中で、私たちに休息を与える図書館である。

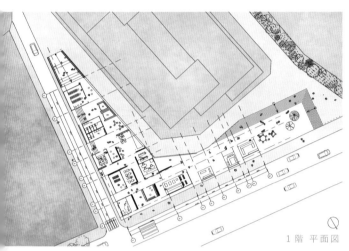

1階 平面図

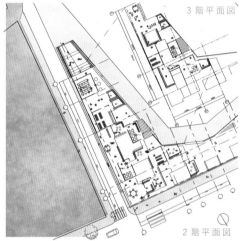

3階平面図

2階平面図

壁が生み出す層

半透明の壁を重ねることで、空間に層が生まれる。
互いを隔てる層が少なくなるほど、シルエットははっきりとし、相手と自分の距離や存在を想いながら過ごす。

見通しづらいみち

先を見通せなくすることで、奥に人々を引き込む平面構成。
しかし、夜に開いている"小夜中レストラン・カフェ"の通りは東西を横断し広場へと突き抜ける。人々を大通りから引き込み、賑わいが生まれる場となる。

第2のファサードとなる大屋根

アルミ板の大屋根には、人々のシルエットや図書館、通りの表情までもが映りこむ。大屋根の表情は、刻一刻と変化していく。

小夜中レストラン・カフェ
読書室・他
広場

天井との距離を大きく変化させることで、図書館内でまちや人の映りこみ方が異なる。

都市の映りこみ
図書館の映りこみ

大きく開いた天井は都市の景色も映し出す。これにより、都市と図書館が融和する。

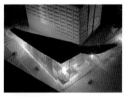

本館に対する、分館としての役割

夜の図書館（分館）営業時間帯　24h　本館営業時間帯

新宿区立図書館の分館として、本館が開いていない時間帯に開いていることで、24時間図書館へのアクセスが可能となる。

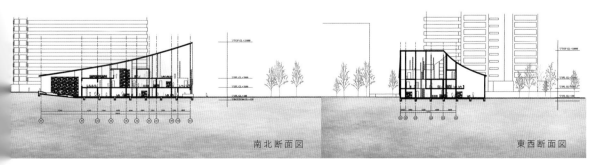

南北断面図

東西断面図

大野博史賞
No.
0172

早稲田大学 創造理工学部 建築学科 3年
松本 渓
KEI MATSUMOTO

通り抜ける図書館

一般的な図書館へ訪れる人は読みたい本を目当てに訪れたり、自習室を活用するために訪れるなど、目的を持った人がほとんどである。今回の提案は、通り抜けられる広場をメインに、ふらっと立ち寄れる図書館とする。ガラス張りの壁面に背表紙が窓側にくるように本が置かれており、全ての本の背表紙は広場の方へ向けられている。一見囲われて閉ざされている様に見える空間では、通る人がさまざまな方向に視線を向けることで、奥行きのある広々とした空間を体験することができる。さらに、広場を通り抜ける際に人々の活動が見えるようになっている。

設計課題名：『シンジュク・ラーニング・コモンズ』
—新宿区立中央図書館分館計画—

プログラム：図書館（ラーニングコモンズ）

敷　地：新宿区大久保3丁目
　　　　（大久保三角公園及びその周辺）

制作期間：2カ月

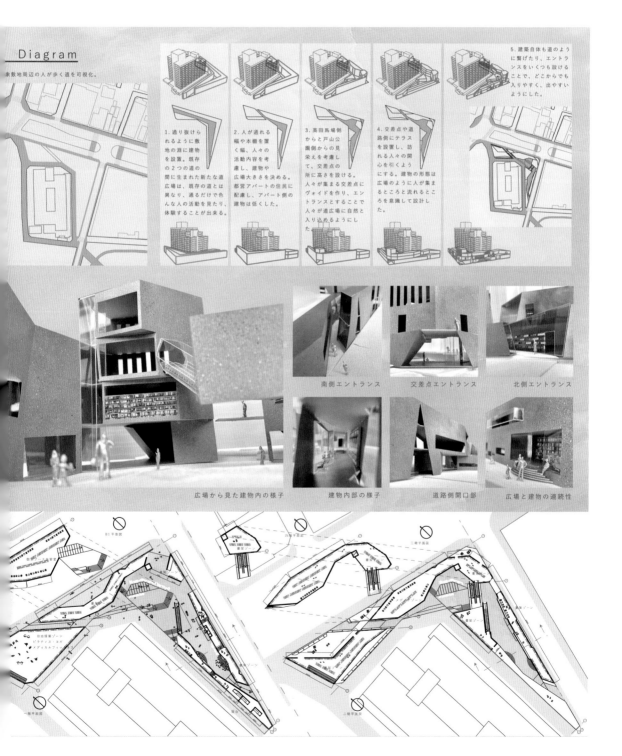

Diagram

家敷地周辺の人が歩く道を可視化。

1. 通り抜けられるように敷地の際に建物を設置。既存の2つの道の間に生まれた新たな道・広場は、既存の道とは異なり、通るだけで色んな人の活動を見たり、体験することが出来る。

2. 人が通れる幅や本棚を置く幅、人々の活動内容を考慮し、建物や広場大きさを決める。都営アパートの住民に配慮し、アパート側の建物は低くした。

3. 高田馬場側からと戸山公園側からの見栄えを考慮して、交差点の所に高さを投ける。人々が集まる交差点にヴォイドを作り、エントランスとすることで人々が道広場に自然と入り込めるようにした。

4. 交差点や道路側にテラスを設置し、訪れる人々の関心を引くようにする。建物の形態は広場のように人が集まるところと流れるところを意識して設計した。

5. 建築自体も道のように繋げたり、エントランスをいくつも設けることで、どこからでも入りやすく、出やすいようにした。

南側エントランス

交差点エントランス

北側エントランス

広場から見た建物内の様子

建物内部の様子

道路側開口部

広場と建物の連続性

PLAY! LIFE
〜暮らしを彩るスポーツ〜

青山製図専門学校 住宅設計デザイン科 2年

飯島 愛美　　伊藤 拓音　　大杉 早耶　　佐々木 大翔　　長石 巧三
MANAMI IIZIMA　TAKUTO ITO　　SAYA OSUGI　　HARUTO SASAKI　　TAKUMI NAGAISI

02. CONCEPT

TOKYO 2020

一昨年、東京オリンピックが
で、コロナウイルスの影響も
また屋内遊戯の充実や公園ル
子供の外遊びが減少している

03. PLAN

1FL

西側の大階段は階段だけでなく左右が丘のように斜面
になっているため、そこでゆっくりとくつろぐことも
できる。
地下1階にはスポーツショップとプールがある。
ショップの周りを芝生にすることで、子供が遊びなが
ら待っていられるようにした。
また、プールの横には休憩室を設け、プールで楽しん
でいる様子を見守ることができる。

2FL

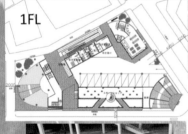

B1

人通りの多い南側にはスポーツショップを設けている。
東側と西側には建物に引き込まれるような大階段があり、
それぞれ2階の広場と地下に繋がっている。

▼バスケットコート　　▼グラウンド

06. DAILY LIFE

この住宅に住むことで、1日の様々な場面でスポーツに触れ合い、スポーツを感じることができる。
子どもから大人まで、幅広い世代がスポーツを楽しめる集合住宅となっている。

6:00 バスケットボール

6:00 ランニング

9:00 在宅ワーク

10:00 シ

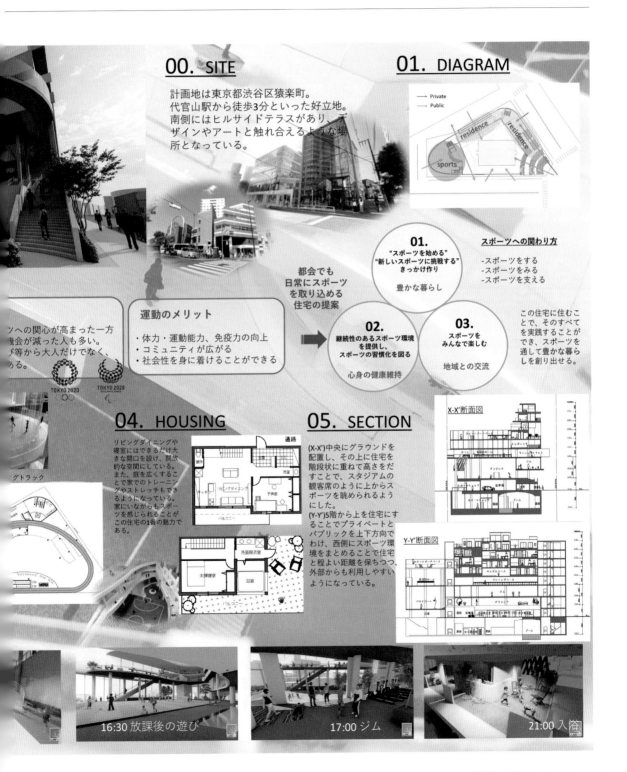

設計主旨　この課題の敷地は渋谷区南西部に位置し、「ヒルサイドテラス」の一群が建つ旧山手通りに沿った角地にある。本課題では、「住宅」と「その他の施設」の新たな関係とバランスを再構築することをテーマとし、住宅と多様な用途の施設、コモンスペースを一体的に計画する。大人の運動不足だけでなく、子供の外遊びが減少しているというデータを見つけた。そこで、代官山という都会に気軽にスポーツをできる場を設けた。スポーツをするきっかけ作りの場所と、老若男女が楽しく運動のできる空間を提供し、スポーツを取り込める住宅を提案した。

設計課題名：集住住宅のある複合施設の設計
プログラム：複合施設
敷　　地：東京都渋谷区猿楽町28
制作期間：5カ月

00. SITE

計画地は東京都渋谷区猿楽町。代官山駅から徒歩3分といった好立地。南側にはヒルサイドテラスがあり、デザインやアートと触れ合えるような場所となっている。

01. DIAGRAM

スポーツへの関わり方
-スポーツをする
-スポーツをみる
-スポーツを支える

都会でも日常にスポーツを取り込める住宅の提案

運動のメリット
・体力・運動能力、免疫力の向上
・コミュニティが広がる
・社会性を身に着けることができる

01.
"スポーツを始める"
"新しいスポーツに挑戦する"
きっかけ作り
豊かな暮らし

02.
継続性のあるスポーツ環境を提供し、スポーツの習慣化を図る
心身の健康維持

03.
スポーツをみんなで楽しむ
地域との交流

この住宅に住むことで、そのすべてを実践することができ、スポーツを通して豊かな暮らしを創り出せる。

04. HOUSING

リビングダイニングや寝室にはできるだけ大きな開口を設け、開放的な空間にしている。また、庭を広くすることで家でのトレーニングやストレッチもできるようになっている。家にいながらもスポーツを感じられることがこの住宅の1番の魅力である。

通路

05. SECTION

(X-X')中央にグラウンドを配置し、その上に住宅を階段状に重ねて高さをだすことで、スタジアムの観客席のように上からスポーツを眺められるようにした。
(Y-Y')5階から上を住宅にすることでプライベートとパブリックを上下方向でわけ、西側にスポーツ環境をまとめることで住宅と程よい距離を保ちつつ、外部からも利用しやすいようになっている。

X-X'断面図

Y-Y'断面図

16:30 放課後の遊び　　　17:00 ジム　　　21:00 入浴

冨永美保賞
No.
0332

法政大学 デザイン工学部 建築学科 3年
小林 大馬
HIROMA KOBAYASHI

偶発的体験、帯びる緑

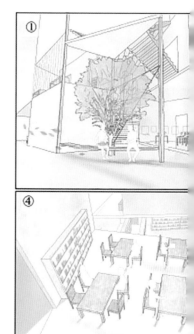

① ④

a

入り組みや開放感を感じる青山通りからの入口

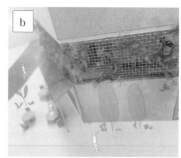

b

壁面緑化のスキマから本を読む人がうっすらと見える

c

開かれたワークショップでイベントを楽しむ

d

図書館内部の人の動きが見える住宅街からの入口

e

先のアクティビティが見え、期待が高まる

f

自分だけの場所を見つける、それが内外から見える

知らないことの価値はわからない。読書は私たちに知識を与え、世の中に溢れる無数の物事の価値を教えてくれる。しかし、SNSやメディアが発達し、情報を一方的に与えられる側になっているのではないか。さらにコロナ禍により、賑わいのある場所・人が集まる場所は外部空間へと広がっている。それは公共施設である図書館でも例外ではない。本設計では公園のような、または広場のような場所が都会の喧騒からほんの少し距離を置き、心の隙間に安らぎをもたらす。たまには本から自分だけの発見をしてみないか。

設計課題名：ライブラリー
　　　　　　〜中高層建築における公共性を考える〜
プログラム：図書館
敷　　　地：東京都港区北青山3-3-16
制作期間：1カ月

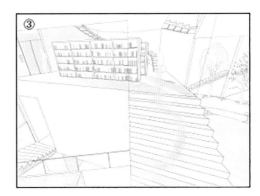

①青山通りからの入口。入り組みから他空間が見える。
②図書館内部の様子を見る。
③多様な階段で上へとあがっていく。
④開かれたワークショップでイベントを楽しむ。
⑤地上30mの高さから青山通りを見る。

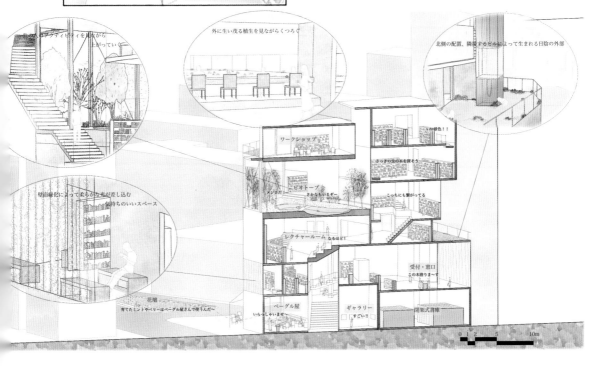

平賀達也賞
No.
0436

木も虫も鳥も子供も居る世界の中で

東京電機大学 未来科学部 建築学科 3年
徳家 世奈
SENA TOKUKE

1 忘れ去られた里山

かつて私たちの生活に欠かせない存在であった里山。里山は人々の適度な介入によって多様な生息種を持っていた。近年ではその資源の需要が極端に低下し、手入れされなくなっていった。放置された里山は様々な問題を抱えている。

近年里山で問題となっているナラ枯れ。
緑の中に不自然に赤い斑点が見える

2 里山と子供の親和性

里山の持つリソースを教育的空間へと展開していくことを提案する。里山の中には様々な居場所がある。森林から得られる体験によって子供たちは自然における様々な場所、モノに対して直接触れ、自身の糧としていく。

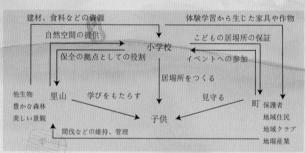

里山の保全が地域のコミュニティの形成につながる

3 山に囲まれたまち

敷地は神奈川県厚木市上荻野にある。里山に囲まれた自然豊かなこの地域は人口増加に伴う開発により山を切り崩しコンクリートで覆うことで宅地化された。近年はナラ枯れや竹害が生じている。

設計課題名：**未来の小学校**
プログラム：**小学校**
敷　　　地：**神奈川県厚木市**
制作期間：**3カ月**

設計主旨　かつて里山は人々が介入することで生物多様性がもたらされ、循環が生まれていた。山の資源を必要としなくなった今、里山ではナラ枯れなどさまざまな問題を抱える。そこで、里山の持つリソースを教育的空間へと展開していくことを提案する。土壌の豊かさを作る通気浸透水脈を守るために建築を高床式とし、床下空間ではさまざまな体験学習が行われる。こどもは里山にしかない学びを受け、小学校を地域に開くことで新しいコミュニティが生まれる。山は子どもの居場所をつくり上げる主体として価値を取り戻し、そして地域は里山の多様性を継承していく。

4 山の土壌から建築を考える

建物が立つ土壌から建築を考える。山の土中は通気浸透水脈という空気と水の細い通り道があり、それによって豊かな土壌が生まれ、植物たちは正常な多様性を獲得する。

かつての建築と土壌の在り方と現在の建築と土壌の在り方

断面計画

土壌へのダメージを減らすため、建築を高床式とする。下にピロティができ、その空間はオープンスペース兼特別教室として使われる。床下空間がこどもたちに居場所を与え、自然と人工によって生じるスケールの違いが様々な活動を誘発する

水脈と風と子どもたちの動線が重なる。

5 里山と建築の循環

地域の子供たちの居場所として作られた小学校。里山の資源を利用した教育を行う。

2022

児童数が減り、地域住民がより気軽に入れる公園のような存在となる。受け継がれた循環が里山の多様性を維持する。

2062

減築され残された耐力壁は水脈を阻害することなく、周辺には植物が成長する。等高線に対して垂直になる耐力壁の配置は後世に水脈の存在を伝える。

2102

水たまり、ヒトたまり

持田正憲賞
No.
0466

東京都市大学 建築都市デザイン学部 建築学科 3年
大塚 史奈
FUMINA OTSUKA

水たまり、ヒトたまり

大きな樹木、オープンスペース、建築の関係により落ち着いた暮らしと賑わいが感じられる代官山。
そうした代官山の街のイメージが作られた要因である代官山ヒルサイドテラスから
ヒルサイドルール・手法を考察し、ヒルサイドルールを継承しながら新たな手法を導く。
水＝人、たまり＝人の集まる場所と考え、"空間を掘る" という手法を用いて
コミュニケーションのきっかけとなり、街と住人と関わることが出来る「水たまり」を設計する。

設計課題名: 代官山の新しい暮らしをつくる集合住宅
プログラム: 図書館
敷　地: 代官山ヒルサイドテラスF棟の横
制作期間: 2カ月

設計主旨 ヒルサイドテラス横にあるこの敷地に集合住宅と新たな暮らしを提案するという課題において「水たまりのようなコミュニティ」を設計する。

水＝人、たまり＝人の集まる場所と考え、"空間を掘る"という手法を用いて街や住人と関わることができる「水たまり」を設計する。

裏通りからみた断面パース。
空に開くように湾曲した壁や生活がにじみ出したテラスによって建築は街に開く。
外観は白いキューブ型になっているため内部がメゾネット住居になっていることは外から見えない。

ヒルサイドルールを受け継ぎ、一階に商業空間を設けた店舗付き集合住宅。天井高を抑えたピロティから奥に向かって吹き抜けがあり開放的な中庭になっている。
毎日、毎週、毎月入れ替わるシェアスペースは街の人や住民の暮らしの楽しみとなる。

住戸Eのたまり場（水たまり）の様子。
4層のメゾネット住戸は各階にパブリックスペースがあり、各階に吹き抜けが設けられている。
そのため層によって断絶されることなくゆるやかにコミュニケーションを取ることができる。

建物内から上を見上げる。
美味しそうなにおいにつられて建物内に入る。
シェアキッチン/音楽ライブを街の人や住人が楽しむ。

Sumikiri house

日本大学 理工学部 建築学科 3年

伊藤 綾香
AYAKA ITO

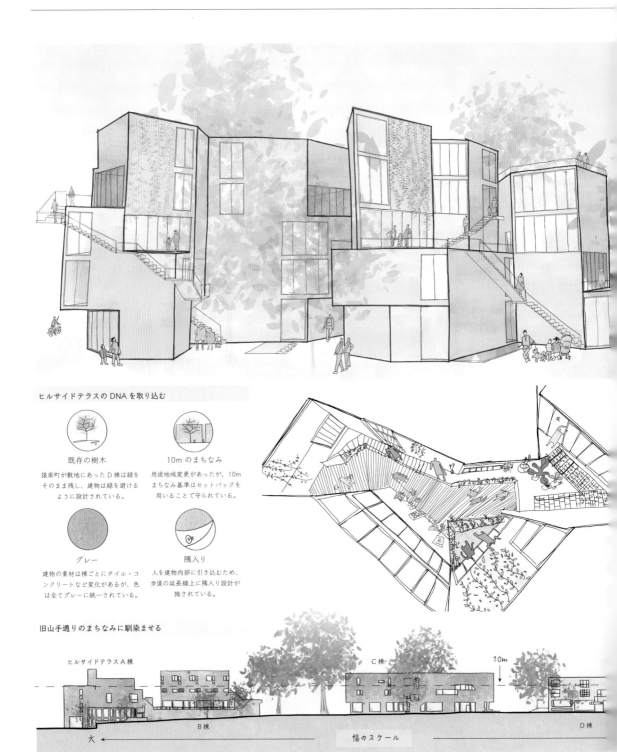

ヒルサイドテラスの DNA を取り込む

既存の樹木
猿楽町が敷地にあった D 棟は緑を
そのまま残し、建物は緑を避ける
ように設計されている。

10m のまちなみ
用途地域変更があったが、10m
まちなみ基準はセットバックを
用いることで守られている。

グレー
建物の素材は棟ごとにタイル・コ
ンクリートなど変化があるが、色
は全てグレーに統一されている。

隅入り
人を建物内部に引き込むため、
歩道の延長線上に隅入り設計が
施されている。

旧山手通りのまちなみに馴染ませる

ヒルサイドテラス A 棟

C 棟

10m

B 棟

大 ← 幅のスケール

D 棟

代官山という土地が現在の気品溢れる商業と文化の拠点に育った背景には、槇文彦と朝倉家によってつくられたヒルサイドテラス群の歴史が存在する。本設計では、時代と共に設えを変えるヒルサイドテラスのDNAを抽出し、そのDNAを建築操作に取り込むことでヒルサイドテラス群延長としての複合施設を創造する。建築操作の一つである「隅切り」によって独自の建築形態をつくり出す。

設計課題名：代官山コンプレックス
プログラム：複合施設
敷　　　地：東京都渋谷区猿楽町・目黒区青葉台
制作期間：4カ月

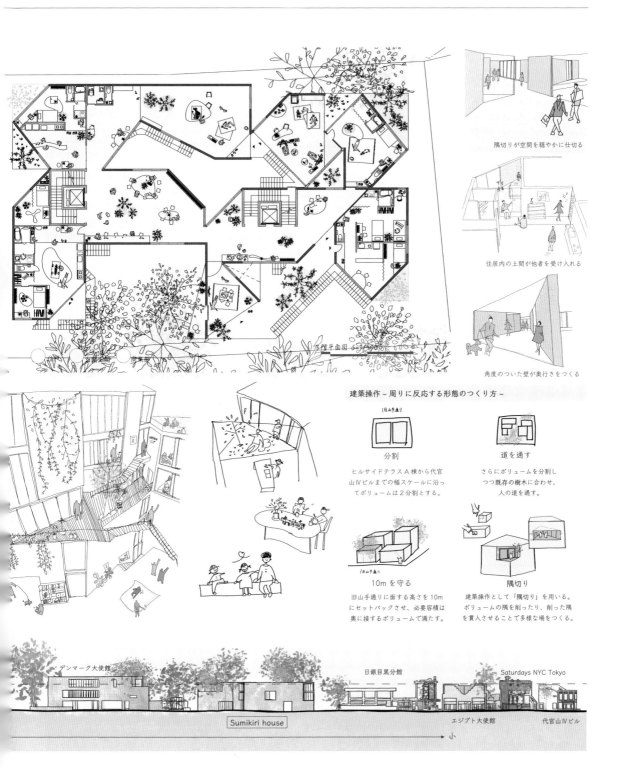

隅切りが空間を穏やかに仕切る

住居内の土間が他者を受け入れる

角度のついた壁が奥行きをつくる

建築操作 ~ 周りに反応する形態のつくり方 ~

分割
ヒルサイドテラスA棟から代官山Ⅳビルまでの幅スケールに沿ってボリュームは2分割とする。

道を通す
さらにボリュームを分割しつつ既存の樹木に合わせ、人の道を通す。

10mを守る
旧山手通りに面する高さを10mにセットバックさせ、必要容積は奥に接するボリュームで満たす。

隅切り
建築操作として「隅切り」を用いる。ボリュームの隅を削ったり、削った隅を貫入させることで多様な場をつくる。

デンマーク大使館

日銀目黒分館

Saturdays NYC Tokyo

Sumikiri house

エジプト大使館

代官山Ⅳビル

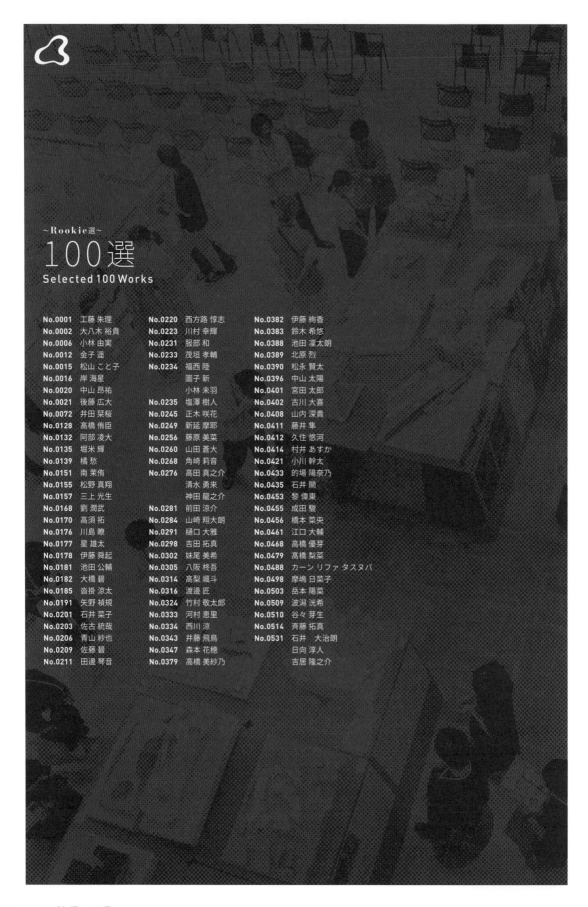

~Rookie選~
100選
Selected 100 Works

No.0001 工藤 朱理	No.0220 西方路 惇志	No.0382 伊藤 絢香
No.0002 大八木 裕貴	No.0223 川村 幸輝	No.0383 鈴木 希悠
No.0006 小林 由実	No.0231 服部 和	No.0388 池田 凜太朗
No.0012 金子 遥	No.0233 茂垣 孝輔	No.0389 北原 烈
No.0015 松山 こと子	No.0234 福西 陸	No.0390 松永 賢太
No.0016 岸 海星	圖子 新	No.0396 中山 太陽
No.0020 中山 昂祐	小林 未羽	No.0401 宮田 太郎
No.0021 後藤 広大	No.0235 塩澤 樹人	No.0402 古川 大喜
No.0072 井田 栞桜	No.0245 正木 咲花	No.0408 山内 深貴
No.0128 髙橋 侑臣	No.0249 新延 摩耶	No.0411 藤井 隼
No.0132 阿部 凌大	No.0256 藤原 美菜	No.0412 久住 悠河
No.0135 堀米 輝	No.0260 山田 蒼大	No.0414 村井 あすか
No.0139 橘 愁	No.0268 角崎 莉音	No.0421 小川 幹太
No.0151 南 茉侑	No.0276 高田 真之介	No.0433 的場 陽奈乃
No.0155 松野 真翔	清水 勇来	No.0435 石井 開
No.0157 三上 光生	神田 龍之介	No.0453 黎 偉東
No.0168 劉 潤武	No.0281 前田 涼介	No.0455 成田 駿
No.0170 高須 拓	No.0284 山﨑 翔大朗	No.0456 橋本 菜央
No.0176 川島 瞭	No.0291 樋口 大雅	No.0461 江口 大輔
No.0177 星 雄太	No.0298 吉田 拓真	No.0468 高橋 優芽
No.0178 伊藤 舜起	No.0302 妹尾 美希	No.0479 髙橋 梨菜
No.0181 池田 公輔	No.0305 八阪 柊吾	No.0488 カーン リファ タスヌバ
No.0182 大橋 碧	No.0314 高梨 颯斗	No.0498 摩嶋 日菜子
No.0185 沓掛 涼太	No.0316 渡邊 匠	No.0503 岳本 陽菜
No.0191 矢野 禎規	No.0324 竹村 敬太郎	No.0509 波潟 洸希
No.0201 石井 菜子	No.0333 河村 恵里	No.0510 谷々 芽生
No.0203 佐古 統哉	No.0334 西川 涼	No.0514 斉藤 拓真
No.0206 青山 紗也	No.0343 井藤 飛鳥	No.0531 石井 大治朗
No.0209 佐藤 碧	No.0347 森本 花穂	日向 淳人
No.0211 田邊 琴音	No.0379 高橋 美紗乃	吉居 隆之介

No.
0001

日本大学 理工学部
建築学科 3年
工藤 朱理
AKARI KUDO

MIX mix
〜クスクス〜

子どもの空間に訪れると懐かしさと居心地の良さを感じる。それはいつもの大人スケールではなく、子どもスケールだからではないだろうか。そこで、大人と子どものスケールの混在に着目しながら、地域と子どもが循環するような保育園、住居、店舗の複合施設を設計した。

No.
0002

東洋大学 理工学部
建築学科 3年
大八木 裕貴
YUKI OYAGI

新解釈! 町家型集合住宅

街が観光地化されることにより外部からの人間の往来が頻繁になるが、本来街が築き上げてきた住人同士の関係や地域性が希薄になりがちである。川越の街並みを継承しつつ、街並みを形作る「町家」に着目し住人同士にきっかけを生み出す町家型集合住宅を提案する。

No.
0006

日本大学 理工学部
建築学科 3年

小林 由実
YUMI KOBAYASHI

躯体に住まう

現在の代官山は槇文彦氏のつくり上げたブランドイメージに縛られ、その結果として街に訪れる人を限定している。かつての代官山の賑わいを取り戻すためにこのイメージを崩壊させる。

No.
0012

神奈川大学 工学部
建築学科 3年

金子 遥
HARUKA KANEKO

ダイケイシアター

ビルの中の映画館とは違う、開放的な空間が多くなるように設計しました。シアターにつくまでの道のりにある広場や廊下にはベンチを置くだけではなく、ストアやシアターを覗ける2階席などの用途を設けて上映までの時間から映画を見終わってからの時間まで満喫出来るような構成にしました。

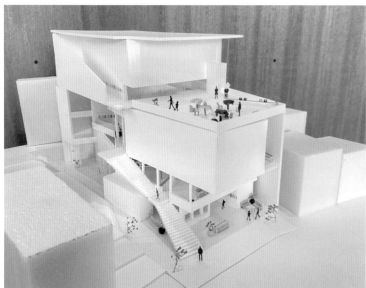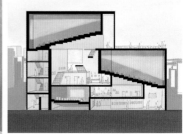

No. 0015

芝浦工業大学 建築学部
建築学科 APコース 3年
松山 こと子
KOTOKO MATSUYAMA

すきまオフィス

オフィスと歩行者の希薄な関係性に対し、スキマ空間による都市への表面積を増やす手法を用いて設計した。考え事をして街を歩く人が、その心の声をとめるようなスキマ空間、その先での経験など、小さな情景と大きな構想を大事にした。

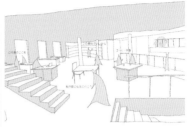

No. 0016

明治大学 理工学部
建築学科 3年
岸 海星
KAISEI KISHI

WITHALLs

学生寮は住む場所でありながら、繋がる場所でもある。「神は細部に宿る」を信念に、扉や窓への遊びと共に、幾何学の連続する複雑な空間構成・動線を建築に与えることで、住人は空間をスタイリングしながら、建築との関係性を築いてゆく。

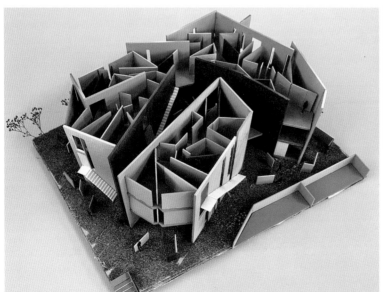

No.
0020

東京電機大学 未来科学部
建築学科 3年
中山 昂祐
KOSUKE NAKAYAMA

グラデーショナルな暮らし

「もっと家族のキョリを縮められないだろうか」
幼少期と比べて物理的にも心理的にも離れていきそうな家族との"キョリ"をつなげるため、家族の居場所をグラデーションのように変化させる。
曲線を描く壁だけで空間を仕切り、空間が連続する住宅を提案する。

No.
0021

日本大学 理工学部
建築学科 3年
後藤 広大
KODAI GOTO

OverHang

2項道路が多く存在する代官山に対して、路地から広場へ変化してゆく次世代の代官山の在り方を創造する。低層階をセットバック、上層階をオーバーハングさせる事で、都市に広場を、住戸には庭空間を実現する。流動的な旧山手通りで人々が足を休める東屋を提案したい。

No.
0072

中央工学校
建築設計科 2年
井田 栞桜
KANON IDA

CROSSING
〜人と木と未来を繋ぐ〜

3つの森をコンセプトとし、未来に繋がる建築を目指す。それは同時に、緑の保存やコミュニティの活性化も可能とし、SDGsの目標達成にも貢献する。
彫刻のような外観は、公園の景観に溶け込む。
コミュニケーションツールとしてARTを利用し、自然・文化・人が融合する。

No.
0128

日本大学 理工学部
建築学科 3年
髙橋 侑臣
YUTO TAKAHASHI

グラデーション
―2つの機能を連続的につなぐ

今も昔も代官山では坂と共に暮らす人々の生活が根底に存在している。代官山の人々にとって坂は行く先々に現れる道であり、身近な存在である。
そこで今回、坂を用いた建築を提案する。坂を用いた複合施設を設計することによって代官山に住む人々の豊かさを最大限に引き出す。

No.
0132

神奈川大学 工学部
建築学科 デザインコース 3年
阿部 凌大
RYOTA ABE

六角橋プラザ

「閉じて暗い空間」で一人集中して映画を見ること、広場という「開いて明るい空間」で映画について日々についてみんなで語らうこと、二つを一枚の壁によって隔て、それらを行き来することで「ひとり」と「みんな」をつなぐ。人がつながることで六角橋に新たな賑わいをもたらす。

No.
0135

法政大学 デザイン工学部
建築学科 2年
堀米 輝
AKIRA HORIGOME

絵の文

大きな本のかたちをした絵本ライブラリー。
細くて、高い空間で絵本の世界に入り込む。

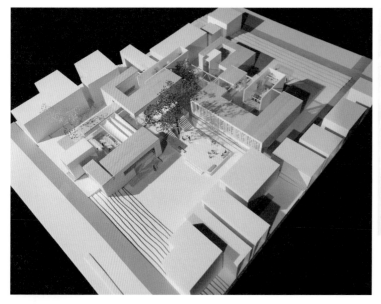

No.
0139

法政大学 デザイン工学部
建築学科 3年
橘 愁
SHU TACHIBANA

「選択」のそのさきへ
～「選ぶ」が繋げる学習の未来～

青山通りの裏に住む子供たちは選択の機会が少ないように感じる。遊び方が決められたゲーム機、自分で探さなくても溢れる情報。そこで、様々なスケールの選択肢を与えることで、どの本をどこで読むか自分で考えることを促す。選択をした先に広がる新たな学びの世界へ。

No.
0151

武蔵野大学 工学部
建築デザイン学科 3年
南 茉侑
MAYU MINAMI

Spot
ひとりひとりのSpotから街のSpotへ

住宅は個人の自由と集団の利益との境界線なのか。「唯一の自由の場」であった住宅から、個人の自由な発想、行動が社会に影響を与える住宅を考えた。一人一人にスポットライトをあてた空間が、敷地内や周辺と互いに影響を及ぼしあい、街の賑わいの中心へと広がっていく。

芝浦工業大学 建築学部
建築学科 SAコース
3年

No.
0155

松野 真翔
MANATO MATSUNO

重層する領域に住まう
～外部を持つことから始める～

領域と領域の重なるところには関係が生まれる。内と外を遮断し、誰がお隣かもわからない盲目な住まい方の現代において関係性は薄く少ない。まず所有するような外部を持つことで住まいの領域を拡張させる。領域スケールは手元から地域へと横断し、いろんな一員として住まえる、私-共-公の重なる、多様な濃度のある集合住宅を提案する。

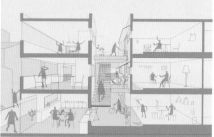

日本大学 理工学部
建築学科 3年

No.
0157

三上 光生
KOKI MIKAMI

Laminated Garden

代官山的雰囲気を造形で部分的に表現しつつ、ヒルサイドテラス沿いの街並みと繋がる機能を模索した。また、その機能から生まれる、住居人のコミュニティーと代官山の利用者との関係性も模索した。

No.
0168

青山製図専門学校
建築設計デザイン科 2年
劉 潤武
JUNBU RYU

「大学」の道

「大学」とは、孟子の中国思想中人々の生活を導く学問である。今回は美術館の設計である。芸術とは人間に何の意味があるかをコンセプトに考える。芸術は人間から遠くの学問ではなく、むしろ偉い芸術作品は全部生活から発想し、生活に大きな意味を持っている。孟子の中国思想中「大学」の道の観念について、街と自然をより安いの連続は設計の中心である。建築区間体験から芸術は生活に親切の雰囲気を伝える。

No.
0170

早稲田大学芸術学校
産業技術専門課程
建築都市設計科 3年
高須 拓
HIRAKU TAKASU

Nakagin Capsule Train

「都電荒川線の線路上の空間」を「都市スケールの空隙」として捉え、「車両にコンバージョンした中銀カプセル」を、都電の後ろに、「+αの電車」として走行させる。
これは、「路面電車と風景の関係」に着目した「都市における新たな移動時間と待ち時間の提案」である。

日本大学 理工学部
建築学科 3年

No. 0176

川島 瞭
RYO KAWASHIMA

Various Scale Town

代官山は、小さなスケールが重なり、ずれることで人の活動に合った心地よい空間を生み出している。建物と建物の間に道ができ、やがてそれは小さな居場所となる。私はこれを「スキマの創出」と捉え、人々の活動に合ったスケールで、代官山の新たなスキマ創りをした。

芝浦工業大学 建築学部
建築学科 UAコース
3年

No. 0177

星 雄太
YUTA HOSHI

本と家族の人生と家

住宅における本は、手元、机、本棚、押し入れと家に埋もれ忘れられてしまうのではないか。この家では、思い出の詰まった本が空間を左右し、生活の中心となる柱として機能することで自己の歴史に寄り添って暮らすことができる。

No. 0178

千葉工業大学 創造工学部
建築学科 3年
伊藤 舜起
SHUNKI ITO

水災から救済へ
―過去に基づき水害都市の未来を描く小学校建築の提案―

豪雨により河川の堤防が決壊し、私の町は洪水に飲み込まれた。当時の小学校は避難所に指定されているが、避難のプログラムが欠けていて避難所になりえなかった。被災体験をもとに避難所としての建築が真の意味で地域の核になる提案を行う。

No. 0181

東京都市大学
建築都市デザイン学部
建築学科 3年
池田 公輔
KOSUKE IKEDA

巻き上がる斜めの形態

都市の水平垂直の世界に現れた、「斜め」という第3の世界。渋谷がもつこの性能は、積層建築のネットワークを再構築させる。
これを投影した本キャンパスは、斜めに開いて溜まる、豊かな場である。この「見る・見られる」の関係性からアウトプット教育空間を目指す。

No. 0182

早稲田大学 創造理工学部
建築学科 3年
大橋 碧
MIDORI OHASHI

既知と未知のウラハラ空間
―メビウスの輪からみる吉阪隆正の多面性―

建物は輪のよじれ目を中心に既知と未知が"ウラハラ"となっている。これにより、多様な角度から自然と作品が何度も目に入り込んでくる。対となる出来事が連続し、そこを歩む体験の中で、吉阪隆正の作品をより深く、多面的な観点から見て学べる記念館を設計した。

No. 0185

千葉工業大学 創造工学部
建築学科 3年
沓掛 涼太
RYOTA KUTSUKAKE

非日常との出会い
〜カテナリー曲線で描き出す境界〜

非日常空間としての美術館
多くの人は日常生活を送る上で美術品に触れるという機会は少ないだろう。ただ美術品を多くの人に見せつけるのではなく、相手側から興味を持って覗き、出会い、来てくれるような場を美術館という非日常空間で提供したい。

No.
0191

法政大学 デザイン工学部
建築学科 3年
矢野 禎規
YOSHIKI YANO

無空間Activity

インターネットが発達した今、あるべき図書館とは人と人の出会いから生まれる新しい世界の発見ができることが求められている。今回考えたのは流れ、回る本だ。ライブラリーの中に本棚を点在させ、本はどの本棚に返しても良い。空間が本棚とセットになることで、その場の個性にあった様々な活動が自然と生まれライブラリー全体に広がっていく。

No.
0201

早稲田大学 創造理工学部
建築学科 3年
石井 菜子
NAKO ISHII

町の連続
〜それぞれの居場所をみつける〜

敷地周辺には様々なスケールの空間が存在する。諏訪通りの北側は住宅街などスケールの小さい建物が多く、南側は学校や公園などスケールの大きい建物が多く、街が諏訪通りで分断されており、敷地はその狭間に位置する。周囲の環境から形を読みとり、配置を反転しグラデーショナルに繋げることで、街のスケールの異なる空間が連続するような場、背景の異なる人が、共鳴し合う場を作る。

No.
0203

東京理科大学 工学部
建築学科 3年
佐古 統哉
TOYA SAKO

暮らし染み出る壁の家

金町では身体スケールの小さな建物が取り壊され、大きな建物が建ってゆく。私は町を歩き身体スケールのアイデアを集め、住む人の個性が現れる、住み手が自在に環境を変えられる柔軟な家を考えた。住人が思い思いの建具を動かして家族、隣人、地域、自然との距離感を自分の感覚で構築してゆく身体スケールの暮らしが展開される集合住宅を提案する。

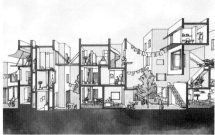

No.
0206

愛知工業大学 工学部
建築学科 住居デザイン専攻 3年
青山 紗也
SAYA AOYAMA

ツナギノマチ
〜町中に溶け込む学び〜

町の中ですれ違ったおばあちゃんに元気よく挨拶をする。細い路地の先に新たな自分の居場所を見つける。外で勉強したり、図工の材料を探しに町中を探検してみたり。町の中で学ぶことで子ども達は日々の新しい発見と共に大きく成長し、貴重な経験を沢山積むだろう。

No.
0209

法政大学 デザイン工学部
建築学科 3年
佐藤 碧
AOI SATO

波揺蕩う
―ウチ、ソトの空間が波紋する集合住宅―

雨が一滴落ちただけで、その空間のウチとソトが入れ替わる、その空間を"揺蕩い"と呼ぶ。曲線壁のフレームによりシーンが連続することで、私の暮らしが揺らぎ、そして周りの住戸に波紋していく。商店街の揺蕩いと共に、揺らぎは増幅していく。

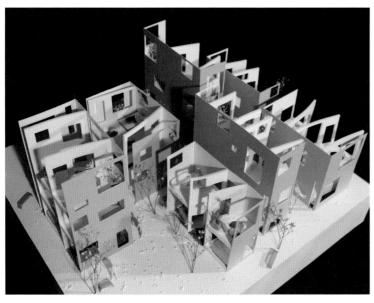

No.
0211

法政大学 デザイン工学部
建築学科 3年
田邊 琴音
KOTONE TANABE

リングが生む出会い
―人と本がつくるウチとソトの境界線―

大学図書館は何か目的を持って来ることが多いが、本来は本との偶然の出会いを生む場所、人との偶然の繋がりを生む場所であるのではないか。ウチとソトをはっきりとさせず大学ならではの雰囲気や時の流れが感じられ、目的なく気軽に訪れることができる図書館を提案する。

No.
0220

千葉工業大学 創造工学部
建築学科 3年
西方路 惇志
ATSUSHI SAIHOJI

のびのび

教室と廊下の関係性を考え直すことで、のびのびと児童が学べる場が見えてくる。

No.
0223

文化学園大学 造形学部
建築・インテリア学科
建築コース 3年
川村 幸輝
KOKI KAWAMURA

時の美術館

時間の経過を寛容に受け入れる事こそが、自由で美しい空間を作りあげるのではないだろうか。美術館としての体験が美術館内に留まらない『時の美術館』は、環境と時間の共生により構築されていく"時の怪異性"と"経年性における価値"を創出していく。

No.
0231

芝浦工業大学 建築学部
建築学科 SAコース 3年
服部 和
NODOKA HATTORI

都市の中にお気に入りの場所を

都市の中にお気に入りの場所はあるだろうか。パブリックの中に人々それぞれの居場所がある都市は豊かである。しかしその一つであるはずの美術館は、権威的な空間になりすぎている気がしないだろうか。複雑さや多様さをゆるくつなぎ、庭となるような美術館を提案する。

No.
0233

法政大学 デザイン工学部
建築学科 3年
茂垣 孝輔
KOSUKE MOGAKI

都市的大学図書館
〜シェルが引き出す学生の可能性〜

大学はたくさんの人と人が出会い、学び合い、繋がる、いわば都市空間である。しかし大学「図書館」は人と人との関わりが薄い現状がある。これからは学生が主体的に動き、学び、発信し、関わり合うような大学図書館が求められるのではないか。

No.
0234

東京理科大学 工学部
建築学科 3年

福西 陸
RIKU FUKUNISHI

圖子 新
ARATA ZUSHI

小林 未羽
MIU KOBAYASHI

「間」と共に

向島地区は工業地帯として栄え下町らしい賑わいや活気があったが今は薄れてしまっている。そこで我々は諸室としての「間(ま)」、と諸室と諸室をつなぐ路地としての「間(あいだ)」に焦点を当て、それらで活動を共にすることにより下町らしい繋がりのあり方を提案する。

No.
0235

法政大学 デザイン工学部
建築学科 3年

塩澤 樹人
TATSUTO SHIOZAWA

旁々行路
～千鳥壁を用いた空間の多様性～

大学図書館は図書館であるべきなのか。対象である大学は学部ごとで校舎が分かれておらず、移動が活発であるのにもかかわらず、大学図書館は孤立している。様々な空間を提供するために千鳥壁を用い、開架図書を現図書館の分棟として提案する。

No. 0245

東海大学 工学部
建築学科 2年
正木 咲花
EMIKA MASAKI

『ヒラク』
―ウチをソトに開いてアソブ―

私たちが住む住宅の多くは壁に囲まれているので家屋内にある土間という空間は必然と内側にくる。近所付き合いの希薄化が進む現代で普段内側に向かっているもの、収まっているものを『ヒラク』というアソビを行い、新たな関わりの場を生むドマのある住宅を提案する。

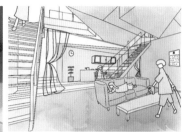

No. 0249

慶應義塾大学 環境情報学部
環境情報学科 1年
新延 摩耶
MAYA NIINOBE

Linkage Chair

どこに行くときも持ち運びすることができ、どんな場所でもさっと組み立てて座ることのできる、携帯性と可動性を持ち合わせた木製椅子を実現。4節リンク機構を可能にする為、60箇所にジョイントを配置し、スムーズな脚の動きを可能にした。

No.
0256

法政大学 デザイン工学部
建築学科 3年
藤原 美菜
MINA FUJIWARA

散歩道

神保町は人や車が忙しなく行き交う街である。それにより留まる場所が存在せず、社会的な繋がりを持つきっかけとなる場が失われている。そこで図書館をきっかけに歩く速度が遅くなり、人との繋がりや本や様々な活動から新たな発見のある散歩道のような図書館を提案する。

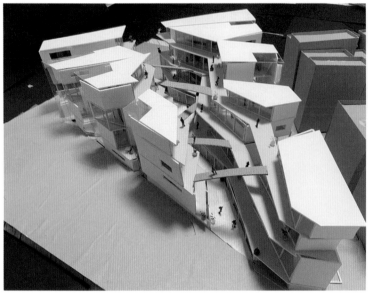

No.
0260

法政大学 デザイン工学部
建築学科 3年
山田 蒼大
SOTA YAMADA

植書共生
―循環する図書館は都市に根付く―

建築は植物を侵食して建てられ、植物は廃れた建築を覆っていく。このように建築と植物には主従関係があるといえる。植物を育てるのに必要な「土」を並行して設計することで、建築と植物が対等な関係になると考えた。

No.
0268

日本大学 理工学部
建築学科 3年
角崎 莉音
RIOTO TSUNOZAKI

Re-construction Daikanyama

何が代官山という洒落た街を形作っているのかということを調査の中で分析し、そこで得られた要素を計画敷地に再構築することで代官山の新たなシンボルとなるような、且つふらっと訪れ、つい長居したくなってしまうような建築を創り上げた。

No.
0276

慶應義塾大学 理工学部
システムデザイン工学科 3年
高田 真之介
SHINNOSUKE TAKADA
清水 勇来
YUKI SHIMIZU
神田 龍之介
RYUNOSUKE KANDA

子どもが本を好きになる図書館

都会に立つ総合図書館としての機能を持ちつつ、隣の小学校の児童や公園を訪れる子どもたちが本に興味を持ってくれる図書館を設計した。博物館のように順路が示され、子どもたちは次々と現れる多様な空間に魅了され、様々な本と触れ合うことができる。

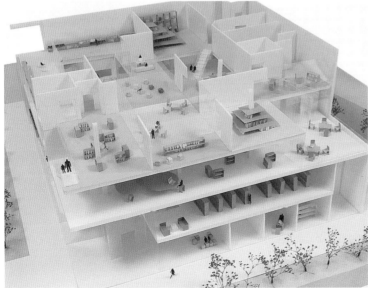

No.
0281

日本大学 理工学部
建築学科 3年
前田 涼介
RYOSUKE MAEDA

link up

無作為に作った"ずれ"から生まれるスケールの異なる住戸を主軸に、そこに生じた空間を使うことによるつながりを求めた。ここで生まれた空間は光や空気などの自然物に留まらず、人や時をもつなげる潜在性を持つ。建築が3次元、4次元へ介入する可能性に思考を巡らす。

No.
0284

工学院大学 建築学部
建築デザイン学科 3年
山崎 翔大朗
SHOTARO YAMAZAKI

自然を借りる彫刻美術館

地中に包まれ、木漏れ日に照らされ、そよ風に晒される。彫刻の表情を自然に任せ、また人々は心地よい体験をするだろう。
都市のスケールとは人々の活動のスケール。大胆に振りまいた自然のエレメントにより、そこには多様な活動が生まれ自然のスケールとの調和も見せる。

No. 0291

日本大学 理工学部
海洋建築工学科 3年
樋口 大雅
TAIGA HIGUCHI

Changing Aquarium

「時間が、人が、水が、流れる水族館」をコンセプトに、時間帯や天候などによって変化する水族館の提案。水族館の特徴である「強制動線」に配慮した計画を考えた。

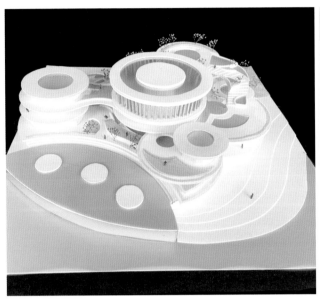

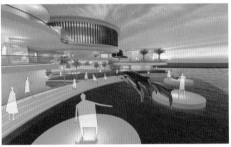

No. 0298

法政大学 デザイン工学部
建築学科 3年
吉田 拓真
TAKUMA YOSHIDA

花が咲く場に人は住む

人は大地と切り離して花を飾る。きっとそれは、日常を彩りたいからだ。ならば、花が咲く場に人が住みつけば、豊かな生活が送れるはずだ。外部に咲く花と内部に住む人。部屋を移動する際に外部を通ることでその境界線を曖昧にし、花と人が共生する集合住宅を提案する。

No.
0302

日本大学 理工学部
建築学科 3年
妹尾 美希
MIKI SENO

Aggregate of machi
―まちの集合体―

代官山に訪れる人々は代官山に何を求めているのか? それは、代官山の風景そのものである。代官山の一員としての暮らしをはぐくむため、建物が集まったまちのような空間を建物内部につくる。また、現代の多様化している暮らしにも着目し、器の広い暮らしを提案する。

No.
0305

日本大学 理工学部
海洋建築工学科 3年
八阪 柊吾
SHUGO YASAKA

重重無尽

富嶽三十六景 神奈川沖浪裏は計画地である横浜がモデルの地となっている。この絵は多くの波が重なり合い3次元的なボリュームを作り出している。これより、多くの波が重なり合うことにより、建物全体が水中として一体化するような水族館を提案する。

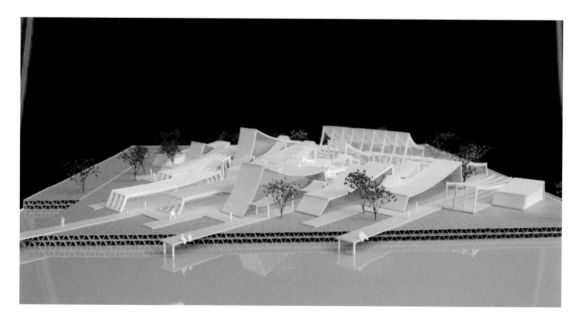

神奈川大学 工学部
建築学科 デザインコース 3年

No.
0314

高梨 颯斗
HAYATO TAKANASHI

表裏

子供たちが自分の居場所を選択できるようにオープンスペースは凸凹な形として表現し、様々な大きさの空間を計画した。将来の社会のために、子供の頃から様々な人と関わりを持てるように地域施設をコミュニティセンターとして、交流が生まれる空間を設計した。

東京都市大学
建築都市デザイン学部
建築学科 3年

No.
0316

渡邊 匠
TAKUMI WATANABE

渋谷アイロニー
〜歴史の皮肉的踏襲による多様性の獲得〜

渋谷の歴史を皮肉的に踏襲することで各時代の渋谷の個性をグリッドの中に定着させる。これによって多様性を担保するとともに縦動線によって自らが選択権を持って学びの場に入ることが可能となる。

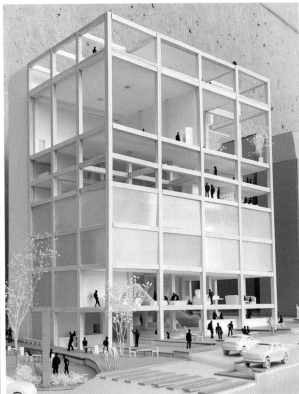

No. 0324

法政大学 デザイン工学部
建築学科 3年
竹村 敬太郎
KEITARO TAKEMURA

投下と保存

現代において文化の保存をよく目にする。建造物としての文化「見た目」の保存がなされる中、文化を形成した活動「用途」は変えられ、繋がりが無くなっている。今回は新しい形状を投下することによって銭湯とその周りの生活が生きる建築を設計する。

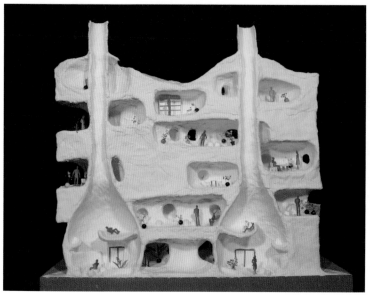

No. 0333

工学院大学 建築学部
建築デザイン学科 3年
河村 恵里
ERI KAWAMURA

趣味を交わす本屋

洒落たまちなみから、カメラ、ファッション、カフェ巡りなど何か趣味を持つ人が訪れる中目黒に、趣味をより楽しめる雑誌専門の本屋を提案する。中庭を経由したアプローチでは、中庭から見える様々な趣味に惹かれて興味のあるものを見てまわる。雑誌の近くにはその雑誌と関連のあるものを展示・販売する。新たな分野への興味を誘い、趣味の輪を広げる。中目黒の趣味が交わり、豊かな未来を生む本屋。

No. 0334

武蔵野大学 工学部
建築デザイン学科 3年
西川 涼
RYO NISHIKAWA

差しNOVEL

従来のコモンズは、1つのアクティビティが形成されるだけであり、生まれたものが互いに関わり合うことはほとんど期待できない。私は新しいコモンズの在り方として、生まれたアクティビティやコミュニティが相互に関わり、新たな可能性を生み出すことが大切だと考えた。

No. 0343

ものつくり大学 技能工芸学部
建設学科 3年
井藤 飛鳥
ASUKA ITO

Revolving ground

「環境破壊」この問題は遥か昔から始まっている。現代になって大きく取り上げられ、世界規模でその改善に向けて動き始めている。この美術館では環境をテーマにしたアート作品を展示する。それとともにこの美術館自体も自然のエネルギーを最大限に活かし人の動きと絡めることによって環境に配慮した建物となり、行田の街にそのエネルギーを還元することでこの美術館に意味を持たせる。

No.
0347

法政大学 デザイン工学部
建築学科 2年
森本 花穂
KAHO MORIMOTO

Cross Garden
－交差から生まれる交流と3つの庭－

多くの子供にとって初めて社会に出る場である幼稚園で、色んな人と交流することは
良い経験になる。また、地域に住む大人にとっても子供との交流は良い刺激や地域
の活性化に繋がる。Cross Garden は、交差する幼稚園とライブラリーの建物から人
と人との交流を作り出す場所だ。

No.
0379

東海大学 工学部
建築学科 3年
高橋 美紗乃
MISANO TAKAHASHI

上下するフロアが繋ぐまち
地域協働型キャンパス

刻々と変化する下北沢のまちにおいて、将来像を学生とまちの人が共に考えるキャン
パスである。建築の様々な分野からまちづくりの検討を行い、まちの人の直接の声を
取り入れた、この地ならではのアイデアを発信する。施設全体を共有し、お互いを高め
られる関係性を築く。

No.
0382

東海大学 工学部
建築学科 3年
伊藤 絢香
AYAKA ITO

入り込む外、飛び出す内

下北沢はお店の中の活動に関わるものが外へ飛び出し、境界の曖昧さを感じさせる。それゆえにお店に入りやすい。ある意味、街に開かれていると感じる。キャンパスが飛び出し、街が入り込む。そうすることで境界があいまいになり、キャンパスが街に開かれたものにする。

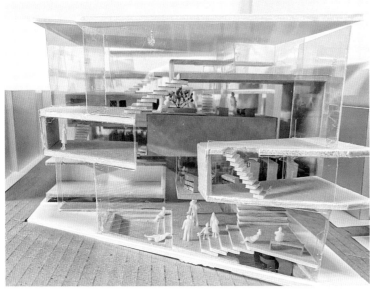
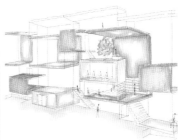

No.
0383

東京都市大学
建築都市デザイン学部
建築学科 3年
鈴木 希悠
KIYU SUZUKI

地形に残る名のない歴史、その上の学び舎

建築とはかつての地形を変え、整地する事で建てられていくものだ。私は都市に残る名のない歴史をその場に残し、それがもたらした空間の特徴を基に積層空間を解く事で、学生に対してこの時代に建築を建てるとは何か、都市とは何かを考えさせるような大学院を提案したい。

0388

明治大学 理工学部
建築学科 3年
池田 凜太朗
RINTARO IKEDA

失われた広場を求めて

現在建っている中央校舎が解体された後、当敷地には広大な原っぱができる。そして、人々は境界のない広大な空間の中に自らの居場所を見つける。再び建物が建ってしまえばこの広場が無くなってしまうと思ったときに、私は広場を設計すべきではないかと考えた。

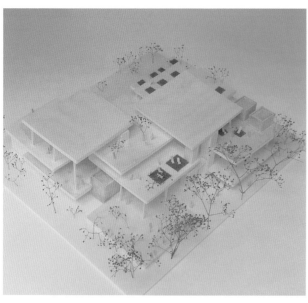

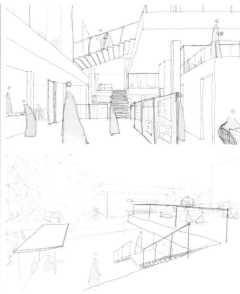

No.
0389

工学院大学 建築学部
2年
北原 烈
RETSU KITAHARA

選び、学んで、自立する。

幼稚園とは初めて親の手を離れ、協調性や可能性を伸ばし成長する場所である。今回、この計画では壁を使い、「自分で選ぶ」ことによりアイデンティティを確立できる幼稚園を目指す。どの道を選ぶか、どの壁を使って遊ぶか、どの壁に座るか、どの壁に荷物を乗せるか、その選択の積み重ねがアイデンティティを確立させることとなり、今後の成長に繋がっていくのである。

0390

法政大学 デザイン工学部
建築学科 3年
松永 賢太
KENTA MATSUNAGA

空間を綯く
―修辞法を用いた空間化の提案―

修辞法を用いて空間化された図書館を、来訪者が空間を読み、空間を解釈することでふるまいを形成し、読書体験と新たな情報として提供し、それらが呼応することで都市全体がつながっていく、新しい情報のハブとなる図書館を提案する。

No.
0396

東海大学 工学部
建築学科 3年
中山 太陽
TAIYO NAKAYAMA

UNCAGE

人間は誰しも違った性格や個性があるように、固有の領域を持っている。元から輪郭や領域が決まった家に住むことは彼らの個性を制限し、殺すことになる。構造を限界まで引き算することで、領域に足し算を施し、ここに住む彼らが自らの個性と共に領域を自分で決定していくようなイエを提案する。

No. 0401

日本大学 理工学部
建築学科 2年
宮田 太郎
TARO MIYATA

コマワリの家

谷中に漫画家の家を設計した。私たちは漫画に描かれているコマ割りの余地を様々に解釈しコマとコマを縫い合わせている。余地には自由な解釈が許されているため使い方は定義されていない。これを住宅に落とし込む。住人とまちの人の自由な解釈で様々な活動が起こる。

No. 0402

芝浦工業大学 建築学部
建築学科 SAコース 3年
古川 大喜
TAIKI FURUKAWA

幾何学的路地空間　〜三次元での段階的疎密空間〜

各々の要素が完全に分断されており、それらを繋ぎ止める建築物が必要で、そこでは展開と収縮に対する予感が要求されると考察した。予感によって人々の行動範囲が段階的に広がり、より活発的で流動的な空間が生み出される。東西での景色の差、密度の差を建築物のグラデーションで繋ぎ合わせて佃の路地感や水辺や都会といったテクスチャーに繋がりを持たせる。

No.
0408

共立女子大学 家政学部
建築・デザイン学科 建築コース
3年
山内 深貴
MIKI YAMAUCHI

カゼグルマ図書館

赤羽台団地形状で見られるL字型の建物ボリュームも引き継ぎ
ながら、単に人々が集うコミュニティセンターにとどまらず、街に向
かって活動していく拠点となる建築を提案する。

No.
0411

早稲田大学 創造理工学部
建築学科 3年
藤井 隼
HAYATO FUJII

明日、雨降らないかな...

「晴耕雨読」
現代においては、スマホやインターネットの発達で本と接する機会が減ってしまった。ま
た、雨に対する嫌悪感もあるだろう。このような状況下でも、雨が少し楽しみになるよう
な、雨が降ったら読書をしに出かけたくなるような図書館を設計した。

No.
0412

関東学院大学 建築・環境学部
建築・環境学科 3年
久住 悠河
YUGA KUSUMI

都市の穴
yokohama void

情報過多社会の「今」観光センターの需要が無くなっている。だから、暮らす人・働く人の集う場=観光センターを目指した。ヴォイドが暮らす人の集う場になり、訪れる人・暮らす人を繋ぐ。そこで初めて観光センターが完成する。

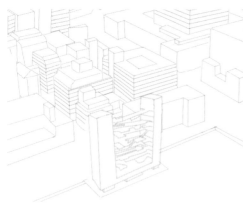

No.
0414

法政大学 デザイン工学部
建築学科 2年
村井 あすか
ASUKA MURAI

笑う天使の街

地域の人の居場所を守りつつ園児の初めて触れる社会に広がりを持たせ、商店街のような幼稚園を計画する。

千葉工業大学 創造工学部
建築学科 3年
小川 幹太
KANTA OGAWA

No.
0421

シンボルツリーから派生する自然。ひと、まち。

現在の都心は建物が密集し緑が限りなく少なく、ひとをはじめ多くの生物に悪影響を及ぼしている。そんな都心の中にも豊かな自然が存在する。それは上野公園。上野公園には豊かな自然が多く、人々の拠り所となっている。この美術館の真髄でもある大きなシンボルツリーは上野公園の自然の象徴となり美術館からひとを媒介として派生しやがて街へと広がっていく。

法政大学 デザイン工学部
建築学科 3年
的場 陽奈乃
HINANO MATOBA

No.
0433

"噛み合い"、"つながり"

新型コロナウイルスが流行し、家族以外の人と食事を摂ったり、会話をしたりする機会が少なくなった。それぞれの住戸に噛み込み、それぞれの住戸をつなぐコモンテラスを設けることにより他世帯間でつながる、視線が交わる、会話が生まれる。そんな集合住宅を提案する。

No. 0435

明治大学 理工学部
建築学科 3年
石井 開
HARUKI ISHII

雨降る小屋の群れ/ livinghood with rain and green

本来、人は極めて多様な感性を持った動物で、常に社会に働きかけながらも、時に五感が捉える刺激に思いを巡らせて生活を営んでいた。しかし、産業化社会により設えられた生活空間を観察すると、感性を遮断する意識が住まいに表れている。その異常な当たり前の中に、雨風光が生活の土台を構成し、外部でも自由に身体を解放できる環境が今、必要ではないだろうか。

No. 0453

東洋大学 理工学部
建築学科 3年
黎 偉東
ITO REI

多中心

この建築では『中心』を用いて家族の関わり、『まち』の繋がりをもたせています。人は初めに『中心』に目を向けますが、その『中心』を増やすことで繋がる機会も増えると考えました。また、屋根や階段の利用方法を工夫することで時代についていける建築になりました。

No.
0455

法政大学 デザイン工学部
建築学科 3年
成田 駿
KAKERU NARITA

玄関が作る住宅

今ある玄関はすでに決まった形の中で役割を果たしていると強く感じるためインナーテラスを用いた新しい玄関"ナンド"を提案。空間からあふれ出す各住居の生活の重なり、新たな玄関"ナンド"がより自由な住居へのアクセスや豊かな生活を生み出すと考える。

No.
0456

法政大学 デザイン工学部
建築学科 3年
橋本 菜央
NAO HASHIMOTO

迂曲道をゆく
〜想像を誘う2種類の壁、「知」と「経験」の道を歩く図書館〜

文学と芸術の街である神楽坂に「知」と「経験」が連続する図書館を提案する。迂曲する 2 種類の壁を用いることで先の見えない空間ができる。「見えない」空間を想像し歩き芸術という経験により何かに出会うことができ、人と人とを本が繋ぐ。

No.
0461

芝浦工業大学 建築学部
建築学科 SAコース
3年
江口 大輔
DAISUKE EGUCHI

対話する境界

分断された東西に対し、アートによるコミュニケーションを図る。建築内部ではそういった東西の異なる性格を行き来するような空間体験が生まれ、"境界"をテーマにした現代アートとともに、都市的なスケールで鑑賞を楽しむような美術館を提案する。

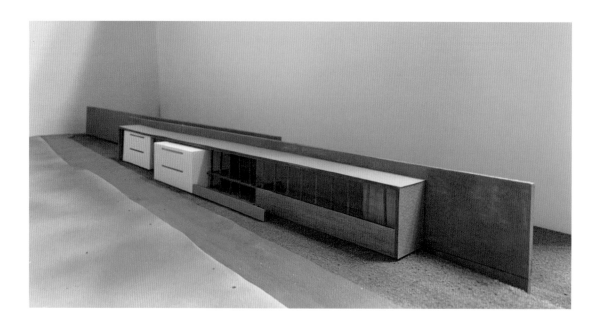

No.
0468

工学院大学 建築学部
建築デザイン学科 3年
高橋 優芽
YUME TAKAHASHI

はじめまして

作者やタイトル、表紙など人が本を手に取るきっかけはそれぞれであるが、言葉で綴られたタイトルは言わば作品の顔である。書店「はじめまして」は本のタイトルが本と出会うきっかけのひとつになる、たくさんの出会いがある書店である。

No.
0479

関東学院大学 建築・環境学部
建築・環境学科 3年
髙橋 梨菜
RINA TAKAHASHI

自然の中の無限の遊び場

子供の遊びとは?子供達は遊具がなくても自分で遊びや居場所を見つける。ならば、子供達がこの場所で遊びを見つけられる地面の起伏や自由な環境を用意し、遊びの手助けをする。地域の人、気候などが関わり合った飽きない無限の遊び場が子供達をわくわくさせ成長させる。

No.
0488

東海大学 工学部
建築学科 3年
カーン リファ タスヌバ
Khan Rifah Tasnuva

抜け道

西側の通りは人が多く東側は少なかったため、西側の人が東側に向うような操作をした。操作としては、展示室を 1,2 階に設置をし、展示品を見ながら歩き進めることができるようにした。また、床の高さが違うことなどから学生と街の人との交流の場ともなっている。

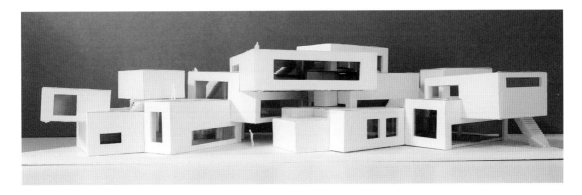

No.
0498

法政大学 デザイン工学部
建築学科 3年
摩嶋 日菜子
HINAKO MAJIMA

あるき、つながり、まなぶ。

本を探したり、自習する場所を探したりと館内をあるく。探しながら次々に新しい空間や新しい人とつながっていく。そして、見つけた場所で新しい本や発見と出会い、まなぶ。利用者に共通点が多い大学図書館の特徴を活かし、訪れた人同士がつながれるきっかけをつくる。

No.
0503

芝浦工業大学 建築学部
建築学科 SAコース 3年
岳本 陽菜
HARUNA TAKEMOTO

ハザマ　～『区切る』で創る『つなぐ』～

現代の社会は様々な人や物、役割や環境などであふれ、区分・種類・場所などに分けられている。でも、ヒトの営みは全て連続しており、境界はないのではないか？ 区分・種類・場所などで区切られたときに、どちらにも分けられない、または、どちらにも当てはまる曖昧なハザマのような空間をつくり、人と人、人工と自然、古いものと新しいものをつなぐ建築を目指す。

No.
0509

東京都市大学
建築都市デザイン学部
建築学科 3年
波潟 洸希
KOKI NAMIGATA

都市の起点、大学の基点
ースタジオを中心としたCore Campusー

渋谷の多様な人々が行き交い混在する五叉路におけるランドマーク・起点となる場所。頭を悩ませ、整理し、思いつく、思考の基点となる場所。そんな、都市と大学の中心点、すなわちCoreとなるキャンパスを目指した。

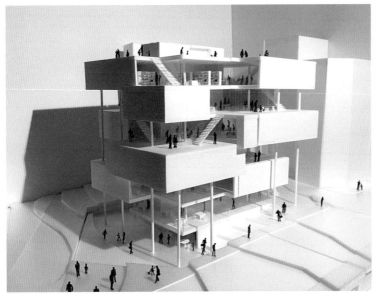

No.
0510

東京都市大学
建築都市デザイン学部
建築学科 3年
谷々 芽生
MEI YAYA

変化する茶室住宅

茶室の間仕切り方によって、土間、茶室、居間が一体となり10人集まる集会場になることもあれば、本格的な茶室空間を確保しつつ、ブックカフェと呼ぶ居間空間が緩やかに繋がる。周辺環境の二面性を空間内に取り込み、猿楽塚に向かってプライベート性の高い閑室を設けた。

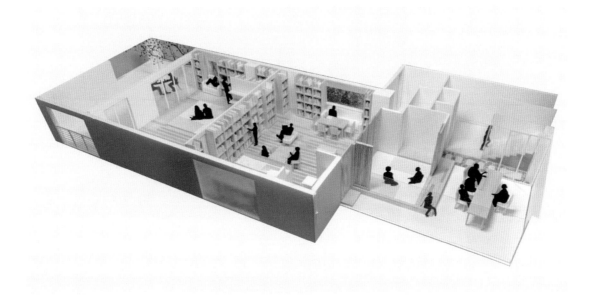

No.
0514

千葉工業大学 創造工学部
建築学科 3年
斉藤 拓真
TAKUMA SAITO

山麓の学び舎

少子高齢化が問題になっているこの地域で、山を通して小学校と地域との交流をはかり、地域の活動拠点の場とする。

No.
0531

横浜国立大学 都市科学部
建築学科 3年
石井 大治朗
DAIJIRO ISHII

日向 淳人
ATSUTO HYUGA

吉居 隆之介
RYUNOSUKE YOSHII

交響に住まう
－公園から公縁に－

集合住宅とまちの学校、公園、公共空間が一体的となった建築とランドスケープを設計した。本提案は横浜市の大岡川沿いに暮らす人たちが都市の中で「住む」「働く」「学ぶ」「地域との関わり」が一体となった生活を営むための拠点である。

エントリー作品数：**524** 作品

エントリー校数：**45** 校［大学40校／専門学校5校］

［大学］

			［専門学校］
愛知工業大学	信州大学	日本女子大学	青山製図専門学校
宇都宮大学	千葉大学	日本福祉大学	中央工学校
神奈川大学	千葉工業大学	文化学園大学	日本工学院専門学校
関西大学	東海大学	法政大学	日本工学院八王子専門学校
関東学院大学	東京大学	武蔵野大学	早稲田大学芸術学校
京都工芸繊維大学	東京工業大学	武蔵野美術大学	
共立女子大学	東京工芸大学	明治大学	
慶應義塾大学	東京電機大学	名城大学	
工学院大学	東京都市大学	明星大学	
神戸芸術工科大学	東京都立大学	ものつくり大学	
国士舘大学	東京理科大学	横浜国立大学	
滋賀県立大学	東洋大学	早稲田大学	
芝浦工業大学	日本大学		
昭和女子大学	日本工業大学		

次審査

日時: 2022年8月9日(火)

会場: 総合資格学院 新宿校

[審査員]

伊藤潤一（伊藤潤一建築都市設計事務所／千葉大学 助教）

大竹由夏（ものつくり大学 講師）

斎藤信吾（斎藤信吾建築設計事務所 代表／東京理科大学 嘱託助教）

佐野哲史（Eureka 共同主宰／慶應義塾大学 専任講師）

田中義之（東京大学 助教）

種田元晴（文化学園大学 准教授）

津川恵理（ALTEMY 代表／東京藝術大学 教育研究助手）

西田 司（オンデザインパートナーズ／東京理科大学 准教授）

藤江 航（青山製図専門学校 教員）

保坂 猛（保坂猛建築都市設計事務所／早稲田大学芸術学校 准教授）

松川昌平（慶應義塾大学 准教授）

100選を決める非公開審査

　2022年8月9日(火)、本選に進む100選を選出する事前審査が非公開で実施された。ここでは応募全作品を対象に、一次審査の審査員11名が、事前に提出されたプレゼンテーション資料をもとに100作品を選定。

　審査員は5つのグループに分かれて、教室いっぱいに並べられた作品資料を丁寧に吟味し、100選に残したいと評価する作品に付箋を貼っていった。その付箋の得票数を集計した結果、審査員たちの評価が分かれて100選のボーダーライン上に多くの作品が残り、そこからさらに審査員たちが議論し、本選に進む100選全てが決定された。

※審査員の所属する学校からの出展作品は別グループとなるよう分配し、分配された作品数により各グループからの選出作品数を設定

[3 票]

0147 , 0165 , 0223

[2 票]

0001 , 0015 , 0016 , 0020 , 0021 , 0072 ,
0135 , 0151 , 0157 , 0167 , 0172 , 0176 ,
0181 , 0185 , 0203 , 0206 , 0207 , 0209 ,
0216 , 0231 , 0232 , 0234 , 0245 , 0256 ,
0260 , 0268 , 0276 , 0281 , 0284 , 0302 ,
0305 , 0314 , 0316 , 0324 , 0332 , 0333 ,
0334 , 0337 , 0347 , 0379 , 0381 , 0383 ,
0385 , 0388 , 0389 , 0390 , 0392 , 0396 ,
0401 , 0408 , 0411 , 0414 , 0421 , 0433 ,
0436 , 0455 , 0456 , 0461 , 0466 , 0479 ,
0509 , 0531

[1 票]

0002 , 0006 , 0012 , 0128 , 0130 , 0132 ,
0138 , 0139 , 0155 , 0168 , 0170 , 0177 ,
0178 , 0191 , 0211 , 0230 , 0233 , 0235 ,
0249 , 0252 , 0258 , 0266 , 0273 , 0289 ,
0290 , 0291 , 0298 , 0307 , 0343 , 0382 ,
0402 , 0412 , 0435 , 0448 , 0453 , 0468 ,
0477 , 0482 , 0488 , 0498 , 0503 , 0510 ,
0514

一次審査ディスカッション

5つのグループに分かれ審査・投票が行われた結果、95作品が100選に決定し、残りは5枠となった。
そこで各グループから100選のボーダーライン上にある作品を審査員がピックアップ。
各審査員から講評が述べられ、議論して5作品を選出することとなった。
エントリー総数524作品から、本選への最後の切符を掴むのはどの作品か!?

ボーダーライン上の13作品

西田 ボーダーライン上にある作品を皆さんからピックアップしていただき、100選の残り5作品を選びたいと思います。0266番からお願いします。

田中 0266番は清澄に図書館をつくるという課題で、この辺りは公園と海沿いの豊かさが連動して使われている場所がないので、やや強引ではあるけれど都市的なスケールでつなげているところが評価できました。ただブリッジのデザインがぶっきらぼうで、図書館とあまり連携していなくて、完全に推すところまではいきません。

種田 0337番は空間構成をいろいろ考えていますが、代官山の街並みに配慮したかどうかが怪しいという点で難しいです。0412番は綺麗にグラフィックをレイアウトしているけれど、薄すぎて図面がよくわかりません。模型もないので内容がわかりにくいのですが、案としては2つの間の空間をどうつくるか、面白いことを考えているのだろうと思って票を入れました。二次審査のレベルに耐え得るものなのか少し不安ではあります。

佐野 0191番は図書館の課題ですが、壁を配置してそれぞれ機能を設定し、それを組み合わせて空間をつくっています。他の似たような提案と比べて、オリジナリティの点で少し劣っている気はしますが、壁を置くだけではなくて、どういう機能を発生させ得るかなど、きちんと順序立てて考えて空間をつくろうとしていて、それなりの密度でつくっていると思います。0230番は住宅をほとんど半屋外でつくっているのが面白いです。CGで見る限りは、どこまでが外なのかわからない特徴的な断面構成である一方で、図面を見ると全部が外のようで、その辺が精度高く考え切れていないのかもしれません。

藤江 0448番は集合住宅の課題で、人と人とのつながりや形であるとか、空間のなかの光の要素など、建物のなかに移ろいができるような仕組みを取り入れていて好感が持てました。ただ、プランニングでよく理解できないところがあります。

松川 次は第2グループの0212番です。僕も佐野さんも票を入れなかったのですが、他のグループと比較すると第2グループのレベルが高く、それならボーダーラインにある作品をピックアップしてみようということで浮かび上がってきました。課題は集合住宅で、複層階にわたって立体的に路地を構成している作品です。高次な路地がたくさんスタックされているところが魅力的だと思いますが、一方で模型がなくて図面も小さいので、その魅力が表現として伝え切れていないところが惜しいです。

斎藤 0012番の課題はシアターを3つつくって、あとはホワイエなど諸機能を入れていくというものです。単純明快な構成で面白い空間をつくっていて、台形の平面形のボリュームを積み上げていって、その間にできた空間が動線空間になっています。そこを螺旋状に登って屋上に上がっていけるようになっていて、ただの隙間として扱うのではなく、なかの空間が魅力的です。吹き抜けが大きめに取られていて、開口の位置や動線と抜けの感じをよく考えています。ダイアグラムはあまり上手くないけれど、狭い空間や奥の方に広がっていく空間など、隙間の空間を上手く生かしていると思います。

佐野 図版の数が多くて一つひとつが小さいので、模型の内部の大きな写真があると魅力的だったかもしれません。

大竹 そういうところがもったいないということがわかっていないと思います。資料を2枚に分けて出せるので、きちんと手間を掛けた学生とやらなかった学生の差が出ます。審査員にどう見てもらうかを考えた方がいいです。

100選ボーダーライン上の作品

グループ	No.	得票
1	0012	1票(斎藤)
	0130	1票(斎藤)
	0132	1票(保坂)
	0138	1票(西田)
2	0191	1票(佐野)
	0212	0票(推薦:松川)
	0230	1票(佐野)
3	0266	1票(田中)
4	0337	2票(大竹・種田)
	0412	1票(種田)
5	0252	1票(藤江)
	0448	1票(藤江)
	0482	1票(伊藤)

保坂 0132番は0012番と同じ課題です。シアターを3つ積んで、周りにホワイエや共用部といった空間が入っていますが、周りの開かれた空間やシアター内など一つひとつの空間がきちんとできています。シアターの周りに立体的な空間が生まれて、そこを上って行ける複雑さとともに、道路に面した部分は開かれたつくりで賑わいを道路側に出す空間とする一方、シアターとその付帯機能が集中する部分で大きなゾーニングを形成し、立体的な複雑さと全体の明快なゾーニングを並行して上手くできています。

藤江 0252番は家具の作品で、建築ではない作品は他にも0482番と0249番があります。いずれも原寸でつくられていますが、0252番は可変性があっていろいろなバリエーションを生み出すことができます。

種田 ありふれたアイデアではなくて面白いです。他の作品だと審査基準は「空間としてどう成立するか」だけれど、これは「家具としてどう成立するか」という別の観点で見なければいけないから、一緒くたに議論するのは少し酷ですね。

斎藤 この場合はあくまでもアイデアを柔軟に評価してあげた方がいい気がします。

大竹 座っているだけの表現なので、もう少し何か考えて欲しかったです。「こういう場面で一番生きる」といった提案ができたと思います。

津川 きちんとモジュールで一つの作品をつくって、実際に使われている写真があって、そこからの可変性や展開の仕方をビジョンとして描いているのは、プレゼンとしては比較的レベルが高いとは思います。そういうことを含めて提案しているという意味では、課題の時点では十分な気はします。

伊藤 本当に家具という作品は2つだけで、0482番はやや空間もつくっています。

藤江 原寸で考えさせるという課題はなかなかいいと思います。

伊藤 課題がいいですよね。これはジョイントを考えるというのがとても大事なところで、我々も設計するうえでどうしてもジョイントの問題が出てくるけれど、これはとても綺麗にできています。

斎藤 0130番は門型のフレームを6種類ほど設けて、部分的に柱を立ててそこから屋根が上手くできています。どういう空間になるかを考えてそれぞれの機能を重ねることで、ひとつながりのいろいろな使い方ができるということを考えています。大空間をどうつくるかを頑張って考えているので評価しています。フレームとフレームの隙間から公園側に抜けられるなど、もう少しシークエンスを考えると良かったです。

西田 最後は0138番です。ユニットから考える学生寮の課題ですが、上下階を階段などでつなぐというつなぎ方が面白くて、ユニットが積み上がって全体像ができています。その結果、全体像のなかの余白の部分が共有外部空間になるのですが、ユ

ニットから考えているけれど、実際は余白の外部空間が面白くなっていくという、集め方と積み方がとても面白いと思いました。真ん中が実は結構使える場所だけど、あまりプレゼンされていないのが少し惜しい。

最後の議論で100選決定！

西田 各作品を見ていきましたが、第1グループに関しては4作品残っていて、0130番と0138番はまだ議論の余地がありそうなので、0012番と0132番は決定とします。ここから残り3作品を決めていきます。

種田 0412番は僕だけ推していますが、何が出てくるかわからない面白さがあると思います。

津川 でも模型では構造が持たない気がします。全体が落ちているかもしくは全部吊っているか、コンセプトっぽくするかですね。建築になっていなくてアイデアコンペみたいで、設計し切れているかというと結構危ないかもしれません。

保坂 確かに面白いけれど、成果物としては少し足りない感じがします。

津川 0191番は空間やエレメントを構成してアクティビティを誘発したいという意図ですが、エレメントを3次元的につくると実はそこに空間が生まれているという矛盾に作者が気づい

ていません。いち人間といちプロジェクトの関係性だけで場所をつくっていくという、何か能動的な型を見出そうとしているという意味では評価してもいいかもしれませんが、一番主軸のコンセプトを持たせている場所が設計し切れていないので私は推せません。

種田 誠実につくっている作品は「よく勉強しているね」ということだと思いますが、二次審査に進んで議論が盛り上がるのか気になります。

保坂 未知数なものを含んでいるという点では0412番は興味深いですね。0191番はタイトルを隠せば悪くないですよ。

西田 「無空間Activity」というタイトルに惹かれませんか？

佐野 でも、たぶん西田さんが想像しているようなものではなくて、作者は機能を設定していない空間を無空間と言っています。

西田 バラバラにあるものが統合される際のあり方を無空間と呼んでいると思っていました。

藤江 機能を持たない空間でなくても空間でいいような気もするとか、これも空間だろうとか、いろいろ考えさせられますよね。

種田 その意味では議論を呼ぶ作品として面白いかもしれませんね。0482番は、機能を持たない場所だとすれば、計画学的なことや技術的なことではなく、空間構成の豊かさだけが評価対象になるのではないかと思います。実際につくっているから実現性という点では評価できますが、他の作品と比較して空間構成が豊かかどうかという観点からは推せない気がします。

津川 自分がつくったシステムの展開可能性をきちんとデザインに落とし込もうとしている点で、0252番の方が上という気はします。0482番は各面が隣接することによって成立する規格を持って欲しかったです。

佐野 ここから作品を落としていくのは難しいですが、0252番はもう決定で良さそうですね。

種田 0138番は外箱としての構成はいろいろ考えているけれど、内部の構成はあまりプレゼンされていません。外からの絵しかなくて、一個一個の箱のなかの空間構成がどうなっているかがわかりません。

斎藤 表現ができていないのかもしれません。一見ボイドだと思う部分も含まれていて、だからダイアグラムを見て初めてわかるのだけれど、ギュッと集まった時に、ボイドになっているところもこっち側のボリュームにくっ付いています。そのバランスと構成の面白さがどう生まれているのかが気になります。

大竹 建築として解き切ったのはすごいと思いますが、学生はCGをつくると、CGをドーンと乗っけるプレゼンをつくってしまいがちです。やはり模型で良さをどう表現してくれるか見

二次審査で議論を呼ぶ作品はどれか、最後の1作品まで吟味する

たいです。

佐野 確かにパズルをきちんと解いて設計し切った力量は認めます。だけど生活の中でテラスがどう使われるのかが考え切れていません。

保坂 隙間が一番面白くなるところですが、その隙間の設計が至っていないという感じです。

松川 幾何学的な形態とジョイントのところが全く相関していないのも、少しエレガントさに欠ける気がしますよね。

種田 0191番は応援する意見もあったので、反対意見がなければ決まりで良いと思います。

西田 はい。それでは残り1作品です。

佐野 0412番は種田さんが当初から積極的に票を入れていますね。

種田 満点票ではなく、あくまで低い点数で推しています。

津川 成立させるために建築としてどう考えるかというフェーズまで至っていないので、二次審査で議論する土俵には乗らないように思います。でもパッと見た印象として魅力はありますよね。

種田 ネガティブな意見をあえて言うと、コンセプトシートだから魅力的に見えていて、もう少し精度の高いものだったら印象に残らなかったかもしれません。

藤江 そうすると最後は0130番と0412番の2つの対決ですね。

佐野 0130番は構造のことを考えようとしているけれど、折れているところに柱を入れているだけだから、構造を考えていることにはならない気がします。

藤江 この2つであれば0412番の方が良いのではないかと思います。課題に真面目に取り組んで、頑張って解いた感じがします。

松川 ここまで推す審査員がいるのであればこれでいいと思います。

大竹 二次審査で10選に残るかは別として、話題になるかもしれませんね。

種田 0412番が「一次審査であえてこれを残した」という我々のメッセージになってしまうかもしれない。それでいいのかというのはあるけれど、これはもう二次審査に対する挑戦状として送りたいです。

西田 それでは100作品目は0412番に決定します。本選に進む最後の5作品は0012番、0132番、0191番、0252番、0412番です。

本選 審査員

審査員　審査員　審査員　審査員

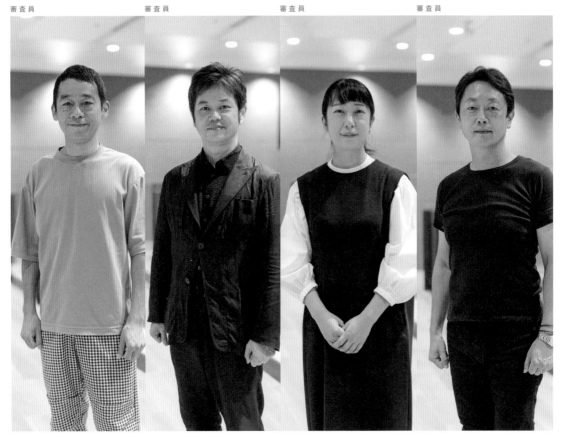

大野 博史
Hirofumi Ohno

オーノJAPAN 主宰

1974年	大分県生まれ
1997年	日本大学理工学部卒業
2000年	日本大学大学院 修士課程修了
2000-04年	池田昌弘建築研究所
2005年	オーノJAPAN設立

小堀 哲夫
Tetsuo Kobori

法政大学 教授／
小堀哲夫建築設計事務所 主宰

1971年	岐阜県生まれ
1997年	法政大学大学院工学研究科 建設工学専攻修士課程修了
1997年	久米設計入社
2008年	小堀哲夫建築設計事務所 設立
2018年	名古屋工業大学 非常勤講師
2020年-	法政大学デザイン工学部 建築学科 教授

冨永 美保
Miho Tominaga

tomito architecture 共同主宰

1988年	東京都生まれ
2011年	芝浦工業大学卒業
2013年	横浜国立大学大学院Y-GSA 修了
2014年	tomito architecture設立

平賀 達也
Tatsuya Hiraga

ランドスケープ・プラス 代表取締役

1969年	徳島県生まれ
1993年	ウェストヴァージニア大学卒業
1993-08年	日建設計
2008年	ランドスケープ・プラス設立
2008-19年	東京農業大学 非常勤講師
2012-15年	早稲田大学 非常勤講師
2013-18年	東京工業大学 非常勤講師

持田 正憲
Masanori Mochida

武蔵野美術大学 教授／
MOCHIDA建築設備設計事務所 主宰

1972年	神奈川県生まれ
1996年	工学院大学建築学科卒業
2018年	MOCHIDA建築設備設計 事務所設立
2021年-	武蔵野美術大学建築学科 教授

吉村 靖孝
Yasutaka Yoshimura

早稲田大学 教授／
吉村靖孝建築設計事務所 主宰

1972年	愛知県生まれ
1995年	早稲田大学理工学部建築学科 卒業
1997年	早稲田大学大学院 理工学研究科建設工学専攻 修了
1999年	文化庁在外芸術家研修員として MVRDV（オランダ）
2005年	吉村靖孝建築設計事務所設立
2017年-	立命館大学 客員教授
2018年-	早稲田大学 教授

西田 司
Osamu Nishida

東京理科大学 准教授／
オンデザインパートナーズ 主宰

1976年	神奈川県生まれ
1999年	横浜国立大学卒業
2002-7年	東京都立大学大学院 助手
2004年	オンデザインパートナーズ設立
2005-09年	横浜国立大学大学院Y-GSA 助手
2019年-	東京理科大学 准教授

巡 回 審 査

　本選でははじめに、会場に展示された100選の作品を審査員が廻る巡回審査が行われた。各作品の模型・パネルの前に出展者が立ち、プレゼンテーションと質疑応答をするポスターセッション形式。全ての審査員が全作品を巡回し終えた後、各審査員が10作品に票を投じ、得票数の多い上位10作品が最優秀賞を決める公開審査に進む。その結果、複数票を得たのは15作品で、そのうち9作品が同票で並ぶ接戦となり、審査員たちの議論により10選が決まった。

10選

No.	作品名／出展者	得票数
0147	手漉き紙に綴る／法兼 知杏（法政大学3年）	2
0165	学び場のらく書き／奥田 真由（法政大学3年）	4
0167	「ハレ、ケ、ケガレ、ハレ」／小川 七実（法政大学3年）	4
0207	AperTUBE／山田 遼真（武蔵野美術大学3年）	3
0216	日常のうらがわを／吉村 優里（武蔵野美術大学3年）	5
0217	織りなす床／角田 翔（法政大学3年）	2
0252	Worm Chair／藤原 彰大（慶應義塾大学2年）	2
0381	流れを纏う。／猿山 綾花（東海大学3年）	2
0385	みせるウチ、つなぐソト／大池 智美（芝浦工業大学2年）	3
0477	夜の図書館／杉山 美緒（早稲田大学3年）	4

公開審査 最終議論

エントリー総数524作品から一次審査で100作品に絞られ、
そこから本選の巡回審査で選ばれたのは10作品。
それら10名のルーキーたちがプレゼンテーションと質疑応答を終え、最後に挑むのがこの最終議論だ。
6名の審査員たちが鋭い批評や温かなエールを投げかけて、出展者たちの作品に込めた想いを掘り下げていく。
議論の果てに、首都圏No.1 Rookieの栄冠は誰に輝くのか!?

課題がそれぞれ違う、〜Rookie選〜の難しさ

[西田] これより最終議論を行いたいと思います。まずは各審査員に3点、2点、1点と重み付けをして、巡回審査を通過した10作品のうち3作品に票を投じていただきました。点数を集計したので順番に紹介していきます。まず大野さんが3点が0252番、2点が0216番、1点が0165番です。続いて小堀さんは3点が0216番、2点が0381番、1点が0207番です。冨永さんは3点が0165番、2点が0216番、1点が0252番です。平賀さんは3点が0216番、2点が0381番、1点が0477番です。持田先生は3点が0216番、2点が0167番、1点が0477番です。最後に吉村さんは3点が0216番、2点が0165番、1点が0252番です。この結果をベースに議論していきたいと思います。票を得た作品は0165番、0167番、

0207番、0216番、0252番、0381番、0477番の7作品です。0216番が16点で大差の1位に着けていますが、最優秀賞を決めていくうえで、この7作品についてまずは各審査員に票の重み付けを聞いていきます。大野さんが3点を入れている0252番から議論したいと思います。大野さんから推している点などお願いします。

[大野] この〜Rookie選〜の難しいところですが、作品によって課題がそれぞれ違うので、そもそもの課題が持っている与件の特殊性である程度評価されてしまう人もいると思います。0252番の作品は家具なので建築として評価するのは難しいです。ただ建築をつくっていくと専門性が高くなるがゆえに、「自分は意匠だから」と構造や設備やランドスケープといったものが二の次になってしまう人がいますが、でも建築は実はモノだから、どうつくるのかも踏まえて、本来は建築家が一定のレベ

No.	作品名／出展者	大野	小堀	冨永	平賀	持田	吉村	合計
0147	手漉き紙に綴る／法兼 知杏（法政大学3年）							
0165	学び場のらく書き／奥田 真由（法政大学3年）	1		3			2	**6**
0167	「ハレ、ケ、ケガレ、ハレ」／小川 七実（法政大学3年）					2		**2**
0207	AperTUBE／山田 遼真（武蔵野美術大学3年）			1				**1**
0216	日常のうらがわを／吉村 優里（武蔵野美術大学3年）	2	3	2	3	3	3	**16**
0217	織りなす床／角田 翔（法政大学3年）							
0252	Worm Chair／藤原 彰大（慶應義塾大学2年）	3		1			1	**5**
0381	流れを纏う。／猿山 綾花（東海大学3年）			2		2		**4**
0385	みせるウチ、つなぐソト／大池 智美（芝浦工業大学2年）							
0477	夜の図書館／杉山 美緒（早稲田大学3年）				1	1		**2**

意匠デザインだけでなく、バランスを上手く取れる人が良い建築をつくれる —— 大野

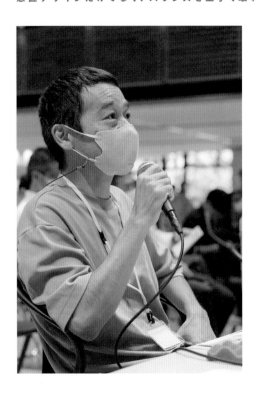

ルまで考えて形をつくっていかなければいけないと常々思っています。意匠デザインだけが一人歩きするのもいけないし、そのバランスを上手く取れる人が良い建築をつくれるのではないかという思いで、僕は構造設計の活動をしています。この作品で評価したのは、建築的につくられた家具であり、1枚の合板からつくり出す時のレイアウト図面の描き方にとても共感できたことです。構造のことや、座った時の体感を意識してつくっているところが評価したポイントで、皆さんも家具をつくる場合はそういう意識でやってくれるとは思うのですが、家や施設など規模が大きくなるほどそこをどうしても忘れてしまう。そういうものづくりの初源的なことを思い出させてくれるいい案だと思って推しました。

西田 なるほど。では同じ0252番に投票している冨永さんと吉村さんにお聞きします。1点を入れて推しているけれども、3点ではない。その辺りでこういう点で推している、ここをもう少し聞きたいといったことなど、冨永さんからいかがでしょうか？

冨永 この椅子の提案はひときわ具体的で、現物をつくっているので質問したことに対しても、「次はこうしたい」と前向きな答えが返ってきます。講評して素晴らしいというよりも、一緒に何かプロジェクトをやってみたいと思えるような感覚を感じて、票を入れました。各点の重み付けは私の中ではあまり差はありません。本当に些細なことですが、これをつくることによってどのような未来があるのか、このプロジェクトが構法や建築など、スケールを超えた発展可能性があるのか、もう一歩踏み込んで「プロジェクト自体をオリジナルの方法でハンドリングしていこう」といった、今後の展開についてもう少し聞きたかったなと思い1点に留まりました。

西田 学校の課題でつくったものを出展して話をしていることもあり、今後の展開性というのは難しいですよね。吉村さんはいかがですか？

吉村 僕もあまり点数に意味はなくて、純粋に推したいものを3つ選んだという感じです。卒業設計の場合はテーマ自体や、敷地や用途なども自分で考えて、設定した課題も含めて評価することになるのですが、出題された課題の場合は、どうやって出題者の意図を超えて自分のアイデアを提案できているかが評

ら考えることを重視しました。それは今後の建築の設計課題にも取り入れていける考え方だと思っていまして、建築でもあるルールから形をつくっていければと思います。座面については正直考えていなくて、歩留りを考えてこの形にしたのですが、ひっくり返して使う新しい使い方も今後できればと思います。ありがとうございます。

完成度よりもスタディプロセスが面白い

西田 では続いて、小堀さんが3点を入れている作品が、実は平賀さんと持田先生と吉村さんも3点を入れている0216番です。小堀さんから、この作品でいいと感じたところなどお願いします。

小堀 この作品で全体的に感じたことは、クオリティーの高さと、表現や図面の矩計もしっかりと描けていることです。根本的な個人の欲望として現状への疑問が出発点にあって、さらに自分の本能的な感性みたいなもの、暗さといったそういうものがこの空間に「私」として現れているのが非常に面白いと思いました。どうしても形や空間、機能というのは理由を付けたくなりますが、まだ皆さんは3年生や2年生で、いろいろな知識が入ってきた時にそちらへ絡め取られてしまうと頭でっかちになってしまう。そうはならずに、もっと思い切っていろいろな自由さを獲得する方がいいと思っています。そういった意味では、最後の「機能はどうなっている」という質問に対して、「夜はあまり使われないかもしれない」というのが、逆に非常に良かったと思いました。僕も3年生くらいの時は建築が面白くなってきて、自分のやりたいことと求められることとの葛藤みたいなものがあったけれど、この作品はそれが非常にバランス良く、だけど根本としては本能的にやってみたいという気持ちがとても現れていて良かったと思います。

西田 同じく3点を入れている平賀さんはいかがですか？

平賀 少し褒めすぎかなと思うのですが、センスの塊だな、いいなと単純に思いました。僕はいろいろな人と建築をやっているけれど、将来が楽しみだと思います。

西田 では持田先生お願いします。

持田 僕は自分の学校の学生なので票を入れるのをやめようと思っていました。しかし、自分の考えが素直に形に現れていていいなと思いました。最初にろうそくの光がありましたが、トップライトの光を目指して、薄暗く光っているところに向かって導かれて入っていくなど、そういうところも含めて、「最初にこう思った」ということをそのまま形にしていて、とてもいいと思います。かなり細かく断面図が描いてあって、自分で考えたのかと聞くと、「こういう提案だからこそリアリティーを持たせ

価の基準になる気がします。これはおそらく家具を設計しなさいという課題なので、普通に一つの完結型の家具を提案することもあり得たと思います。しかしこの作品はシステムの提案で、形自体の問題ではないというところまで提案していて、きっと出題者側も「こういう解答があるのか」と逆に気づかされたのではないかと想像し、非常に良い提案だと思いました。

西田 聞きたいことや、もう少し掘り起こすことでより最優秀賞に推せるようなところはありますか？

吉村 おそらく板を上手く使い切るためだと思いますが、お尻の波が裏にまでそのまま反映されているので、上手くやると裏も使えるような提案になると思いました。「ひっくり返すとこういう座面で二度美味しい」といったことをもしかしたらできるのかもしれないと思ったのですが、そのようなことは考えましたか？

西田 では0252番の藤原君に聞きたいのですが、冨永さんと吉村さんの質問、もしくは大野さんからの応援を聞いて返すことがあればお願いします。

藤原 最初にこれをどう発展させていくかということで、ただ家具をつくるだけではなくてそのシステムか

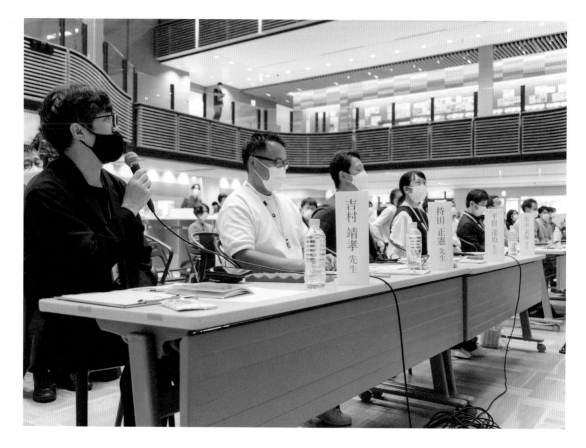

詳細に検討していくことで本気度が伝わる、その凄みを感じた —— 吉村

たくて、いろいろ調べて断面や鉄骨の形状などを考えました」と言っていました。こういう造形だからこそ、という気持ちが断面に現れていて、そういうところも良かったです。最後まで悩んだけれど、やはり３点ということにしました。

西田 では吉村さんお願いします。

吉村 今の持田先生のお話を聞いてよりよくわかったのですが、ある種のダイアグラム建築というか、形態のお遊びのように見えてしまいかねないものをこれだけ詳細に検討していくことで、本気度がきちんと伝わってくる、その凄みを感じました。ダイアグラム建築と言い切れないと思うのは、縄文建築が積み重なって入るようなおどろおどろしさ、重々しさなどがあるような気がして、根無し草で単純な形態のゲームに興じているという感じではなくて、今後の日本の建築を考える時にどういう形状にするべきなのかといったことまで考えてしまう提案に思えて、とてもいいなと思いました。

西田 意地悪を言いたいわけではありませんが、２点を入れた審査員が２名いるので、３点ではない理由を聞きたいです。今のところ点数が圧倒的なので、むしろ大野さんや冨永さんから、もう少し聞きたいことや突っ込みたいという点があればお願いします。

大野 どちらかというと僕も全て３点という感じで３作品に投票しました。センスが素晴らしいですね。図面の表現を見ても細かく描いていて、本当に実務の図面のようにも見える。一方で、真ん中の心柱は上に向かって細くなっている。こういうのは実務だけを知っている人はできなくて、この空間のことを考えてつくっているからこそこういう断面図が描ける。とても魅力的だと思います。

西田 では最後は冨永さん。

冨永 私は実際にこれができたらどうだろうと考えました。この建築の中に入って空間を体験すると、おそらく本当にすごい経験になると思い、そういう意味では絶対に建てて欲しいと思います。一方でこれが建った時に、周辺とどういう関係がつくられるのかを考えると、そこであと一押しができないと思った。それは私の感覚で、周りに住んでいる人はそうではないと言うかもしれません。でもそこだけがわからなくて腑に落ちない。10選に残っている作品はどれも完成度が高いのですが、私は完成度よりもスタディプロセスがとても面白いと思いました。フニャフニャの線で輪郭を探しながら描いているというか、「こ

ういうことなのではないか」といったことを手繰り寄せながら、オープンエンドな姿勢でその設計の場に立ち会っている全員に問いかけるようにつくっているように見えました。でも建ったらどうなのだろうと思って2点に留まりました。

西田 建ったらどうなのかというのはどこが気になっているのかだけ、もう少し具体的に教えてもらえますか？

冨永 暗さがとても大事だということを考えると、どうしても建築自体は閉鎖的につくらざるを得ないと思います。たとえば隣の家や遠景からこの建築が見えた時に、暗いということを考えると同時に明るいということも考えたいと思います。どのような光が入ってくるかがとても大事なので、陽が入るということはどういうことかと考えた時に、ダイアグラム建築がキーワードとして出たけれど、操作が少し大雑把な感じがしました。そこでもう少し、「こういう光がこのように入ってきて」といったことまで含めて説明を受けて、形からそれが読めたら良かったと思っています。

西田 想像できるようで想像できていないと冨永さんは言っていて、光と暗さについて何か捕捉があればお願いします。

吉村 周辺との関わりについては講評でいつも問われるのですが、中の状態からスタートした提案なので、外部との関わり合いというのは難しいとは思っています。外部との関わり合いとしてやった操作で言うと、平面をつくる時に密集している土地だったので、窓の位置や開口の位置をギリギリに建てて隣の家の開放感を消してはいけないと思い、セットバックなどを積極的にしている平面になっています。

冨永 豊かな暗さがあることがこの建築の一番の魅力で、遠慮して建てたりはしなくてもいいと思います。「これが建つことで周りの人と仲良くなる」といったことではなくて、「豊かな暗さがあることが本当に良い」ことを、これをつくることでこれを経験していない人でも何となく感じられるような瞬間があるのか、といったことかもしれませんが、まだそれが少しわかっていません。建った後は皆に良いところは良いと言ってもらいたいですよね。一部分だけ屋根の傾きが緩いところがあってそこだけ庇が伸びていて、若干中の仄暗さや明るさのような、軒のとても綺麗な光の反射が窺えるところがあるとか、下の砂利が少し反射するようになっていて拡散されて、だからこういうことができているとか、立面のすごさや派手さではないところで、まちに建った時に外から見た人が空間の本当の良さとして経験

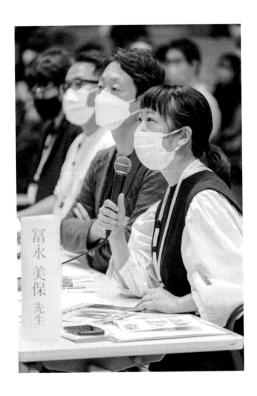

できる一端を提案として知りたかったです。

西田 なるほど。僕は審査員ではないけれど少しだけ口を挟んでもいいですか？ 吉村さんは初めに、「携帯電話に疲れた時に小さなキャンドルを照らす」といった体験的なプレゼンをしていました。だけど最後の方では、建築に落ちた時にロジカルに説明しています。そこでの体験的な部分が本当はスタディの中でたくさんあったと思うので、そこを言葉にして伝えてもらうと、最初の導入で感じたことがこの中でどう発生しているのかがわかると思いました。

吉村 ありがとうございます。

どういう空間がつくられ、どう使われているのか

西田 では続いて、冨永さんが3点を入れて推している0165番。ここが良いという部分を教えていただけますか？

冨永 いいと思ったのは、一つ強いものがあって、「何でも言っていいよ」という感じで組み立てて、でも形に責任を持たないということではなくて、強い形の提案はしているけれど上書きしていってもいいところです。たとえばワークショップで模型を出して、皆で「ここはもっとこうした方がいいよね」と話していくと、次はそういうコミュニケーションの中でものをつくっていけそうなところがあり、私はそういう人が建築をつくるべきだと思います。そういったプロセスがとても面白いと思って3

点を入れました。

[西田] 大野さんは1点、吉村さんは2点ですが、ここをもう少し深掘りしたらもっと推せるかもしれないというところはありますか？ まずは吉村さんからお願いします。物足りないポイントでもいいですよ。

[吉村] 物足りないポイントは、本好きにとっては本に囲まれるという経験はかなり幸せだったりするので、そういうことはあまり感じられなさそうなのが不満ではあります。でも本の持つ意味はだんだん変わっていくだろうし、僕も読めるものは電子書籍で読むようになってきています。単純に本をストックすることから、建物自体が知能の蓄積になっていくような、そういう新しい図書館像みたいなものを提案してくれているのだと思

います。その辺は表裏一体ですね。古い図書館へのこだわりもあるし、新しいものとして建築そのものが図書館化していくといったこともあるかもしれないと評価しています。

[西田] 大野さんはいかがですか？

[大野] 模型がとても魅力的で、空間がバラック建築みたいにつくられているけれど、それぞれの空間がきちんと考えられてい

るのが良くて、どちらかというと説明の内容があまり好きではないです。浮世絵をもとにしているのだけれど、それってきっかけですよね。「浮世絵というものを使ってデザインをしていきました」ということだけれど、でも実際に建築ができるとそのきっかけよりもどういう空間がつくられていて、どう使われているのかの方がずっと重要で、その部分でこの提案はいろいろ

な可能性を秘めています。そこをもっとスタディするとさらに良くなったと思います。「浮世絵をきっかけとしてこういう空間をつくりました、こういう空間を使う時にはこうした方がいいと思います」という、そちらの部分をしっかりと説明できていると良かったです。

西田 では0165番の奥田さん。冨永さんはエールでしたけれど、吉村さんと大野さんからは批判がありました。いかがでしょうか?

奥田 ありがとうございます。まずは吉村先生のご意見についてですが、古い本棚に囲まれて本を読みたいという意見ももちろんわかりますし、逆に新しい図書館が増えていく中で、コミュニケーションを取る場として本棚を一切なくして書架を中にしまうという図書館も実際にあ

ります。自分はどちらもとても良い図書館だと思っていて、その日の気持ちや読みたいものによって行く図書館がまた変わってくると思います。たとえば図書館の中に入った瞬間はまだ本のことを考えていたいから、もっとたくさん本棚があって欲しいという意見もあります。そうした意見を設計者の設計物に落書きとして書いていただいて、それを私が見て、本棚がたくさん並んで続いていたら囲まれた空間になるので、では屋根をそこで2m下げてみよう、逆に上げてみようと自分の設計を変えていくきっかけとしての本棚になると思います。最初のフェーズとして設計したものは、このように開放的な空間になっているのですが、使っていく人たちの意見に合わせて本棚の位置や置き方などが変わっていくと感じています。

　大野さんからいただいた中の使われ方に関してですが、たとえば大学から入って右の道に沿って行くと、囲われたような屋根の中に入っていって本棚がたくさん斜めに置かれている空間があります。そこは普通に手に取る本棚の他に、駐車場で駐車券を取るような感じで本棚の本を車の中から取っていくという考え方もしています。また、自分の足元に本棚があって、座った後に暇だからと本棚から本を取って読むというように、その人がこの設計物に入ってからどういう時間を過ごしていくかに合わせて、本がどのように手に取られていくのかは変わってくると思います。ちょうど目線の高さにある本棚もありますし、逆に下にあるところもあって、真ん中の大きい棟に入ると手を伸ばさないと取れないというように位置が変わってくるので、歩きながら自分の居場所を見つけていくという風に考えていければと思っています。

「一緒に仕事がしたい」と思える作品

西田 他の先生方でここを聞いておきたいということがなければ、次に進んで大丈夫でしょうか? 3点の票を入れていただいた作品には全て触れたので、続いて2点の票を獲得してまだ触れていないものを見ていきます。2点の票を得た作品は、実は3点に近いという審査員もいるかもしれません。まず0381番に2点を入れている小堀さんと平賀さんからお願いします。小堀さんはいかがでしょうか? ここができていれば3点になるかもしれない、というところなどありますか?

小堀 この作品は、模型や空間で実際の形を見ると、平面からは全く想像のできないような空間が出来上がっています。その仕組みや感性などはどこから来るのかと思いました。線の描き方やプランニングがとてもロジカルで、この辺に木があるからこうしよう、など、出来上がった空間は非常に豊かで自由さを感じました。そこがまさに建築のクリエイティブなところの面白さだし、とても説明的であっても出来上がるものは全然想像ができない。そういうところが3年生以下の時期に必要なのではないかと思っていて、それがとても発揮されていると感じました。一方で構造の考え方は後付けできるので、非常にそれが揺れ動いていて、今後もそのまま自由に考え続けて大人になって欲しいと思いました。質問は2つあって、平面と断面の関係性について、断面図があまりないので模型を見るといろいろなレ

ベルがあったのですが、それはどう考えたのか。もう一つは、屋根の形をガラスで掛けてしまっていますが、そこに対するスタディをどう考えたのかが気になりました。

西田 平賀さんからもよろしいでしょうか？

平賀 僕は巡回審査ではこの作品を選んでいないのですが、小堀さんと冨永さんが評価しているのを聞いて、改めてプレゼンを聞いてみると「そうなんだ」という気づきがあって、全く想像していなかった空間がそこにありました。それが自分の中では衝撃的でした。僕は小堀さんとは一緒に仕事をしているので、小堀さんの言うことは信じています。それでどれどれと思って見てみたら「これはすごくいい」という、そういうプロセスですね。そしてこの建築なら僕がもっと良くしてあげることができる。その点がとても大事で、この作品は外部に開いているということです。閉じている建築家とは何をやってもダメだけど、この建築だったら一緒に仕事ができると思った。

西田 平賀さんは2点なので、回答によっては3点に変わるかもしれない、といった投げ込みをしてもらった方がいいかもしれません。

平賀 でも僕の中では2点かな。

西田 では0381番の猿山さん。小堀さんからの質問に対していかがですか？

猿山 まず床のレベルについてですが、高さは−900にしていて、敷地の西側に小川があってそこに向かって敷地が下がっています。それと同じように下がっていった方が敷地と順応すると考えました。それから壁を床から立ち上げているイメージがあって、敷地の上に建築物を置くというよりは、敷地から壁が立ち上がって建築物が出来上がり、空間が出来上がっていくといったイメージ

があり、それに合わせて上っていくと同時に下がっていく場所をつくって地下空間をつくりました。屋根については正直まだ迷っていて、スタディをしたいなという状態です。ただ、一つの空間に一つの屋根というわけではなくて、一つの屋根が2つの空間をつなぐことや、その空間を屋根が仕切らないようにというのを意識して屋根を掛けました。

平賀 実は屋根によってグッと評価が上がると思いました。透明であるからこそ逆に純粋に見えてしまうよね。もっと屋根をスタディするとさらに面白くなると思いました。

西田 あとは持田先生が2点を入れている0167番について、お願いします。

持田 特に2点という重み付けがあったわけではないですが、審査がどうこうというよりも、「この人の作品で設備設計をやってみたい」という基準で一つ選ぼうと思いました。この作品は「こういう設備がいい」と、ダクトを一つ通すのにもいろいろと文句を言われそうだなと思ったのです。そういう手間が掛かりそうで、このプロジェクトは「設備設計をお願いします」と言われたらとても楽しそうだと思いました。そういう理由で選んでいます。

西田 司会が本当に困るコメント（笑）。最終投票は各審査員1票しかありません。だから2点の人がとても良い回答をすればその人に投票するかもしれない。今、とても褒められて終わってしまったのでどうしたらいいのかと思って、持田先生から付け加えて何かありませんか？ どの辺が設備設計をやっている持田先生に刺さっているのか。

持田 学校の課題でこういうものが必要と言われたのかどうかはわかりませんが、真ん中に機械室が置いてあって、お風呂の部分と足湯の部分にお湯を送ったりすると思います。上を見上げるとおそらく床から配管が細々と出ているとか、それがさらに住戸のどこかに落ちてこなければいけないとか、そういうのを考えると今のRC造の柱と一緒にそういうものがたくさん出てきそうだと思いました。そうすると柱の落ち方などいろいろと考えて、柱によって木造なのかRC造なのかとなります。外側にもたくさんのものが重なって見えてきそうで、設備の配管やダクトなどが重なっている中に建築の空間ができていたら、設備設計をするのが楽しそうだと思ったのです。柱の多さや、柱と設備がつくっている内部の空間みたいなものがもっといろいろな空間ができるのではないかと思いました。

西田 柱について何かありますか？ または設備について。

小川 銭湯のお湯をこの建築全体でつないでいった方が良いのではないかと、学校の先生には言われました。中心に銭湯を置いて、上空にも銭湯を置いて今後展開していくとしたら、外部空間をつくってコミュニティとつながっていくだけではなくて、水の重さみたいなものを建築がつないでいくということをもっと意識して改善していきたいと思っています。貴重なご意見をありがとうございます。

西田 良いと言われていますからね、一緒に設計したいと。では以上で、2点以上の票を得た作品には全て触れたと思います。

議論での心変わりは？ 最優秀賞決定！

西田 最後に1点票が入っている2作品について、重み付けとしてはこの後の最終投票で1票を得るのは難しいかもしれませんが、1点だった理由をいただければと思います。小堀さんが投票している0207番はいかがですか？

小堀 僕は最初から非常に評価が高くて、空間のつくり方はとても面白いのではないかと思いました。単純に少し振ることで計画をしているけれども、その中に非常に豊かな空間が出来上がっている。真ん中の動線空間については、結局いろいろ使い勝手を考えれば想定はできると思いました。すごく動きのある空間と窓の閉じた空間がダイナミックに単純な操作の中で出来上がって、ファサードのデザインもきっちりまとまっている。3年生としてはすごい力量で建築を設計していると思います。ただ一方で、破綻したところを逆につくった方がもっと面白かった。たとえば、回転してぶつかって飛び出たところを切ってしまっているけれど、あそこが何か新しい空間としてできていたらもっと良かったと思います。その辺はどう思いますか？

西田 とても褒めているのに破綻というのは難しいですね。0207番の山田君お願いします。

山田 自分としてはスタディ段階では飛び出ていたのですが、破綻を恐れて、自分のコンセプトからすると邪魔なものと判断して悩んだ末に削りました。破綻もあれば良かったのではないか

かというご意見を聞いて、それも少し有りだとは思います。

小堀 社会人になると破綻すれば叩かれるけれど、学生の時は少し冒険してつくって、あえて炎上させてしまっても実害はありません。だからそういうことをやるのも面白い。でもこの作品はまとまっているし、3年生でここまで設計できるのはとてつもない力量だと思いました。

西田 基本は褒めているということですよね。続いて、0477番に投票している平賀さんと持田先生。ここをもう少し頑張ってもらうと3点になったかもしれない、といったことがもしあればお願いします。

平賀 僕は長く都市計画に関わってきたのですが、こういうものがあればいいなと思える表現をしてくれています。どの作品もそうですが、自分が「こうなって欲しい」と思っていることが作品の動機付けになっているのはとてもよくわかる。坂があって、圧倒的に暗い森があるからこの対比が効いているし、この敷地の辺りは無味乾燥な感じがしているので、夜のセクシーな感じもこの場所に対してとても合うと思います。自分が何かつくりたい、この図書館をつくりたいというのは手段であって、この周りを良くすることが目的というのが考え方の出発点にあるのではないかと思っていて、そういう0477番のある種の不真面目なところが僕はいいなと思いました。通信簿をどう付けるかだよね。不真面目な人No.1であればこの作品を推す。そういう風に思いました。

西田 平賀さんの世界が強すぎてだんだん付いていけなかったのですが(笑)。不真面目な部分をもう少しだけ解説してもらってもいいですか？

平賀 「課題に対してどう答えるか」が最大の評価だとしたら、この作品は少し違うのかもしれません。一方で実際にここに建築をつくる場合、何が正しいかということに対して、彼女は非常に真面目に答えているということです。課題に対しては不真面目さがあるのかもしれないけれど、ここに建築をつくることに対しての誠実さを僕は好きだと言いたい。

西田 なるほど。とても褒めているということですね。

平賀 とても褒めています。

西田 わかりました。持田先生はいかがでしょうか？

持田 あえて夜の図書館にして、天井に反射させたものを外に出すとか、レイヤーを重ねることで光や人を調整しているといったことなど、夜ということから外に出す光などを制御しながらやろうとしていることはよくわかっていいなと思いまし

昼 の 図 書 館 の 形 が あ る か ら 夜 の 図 書 館 の 形 が も っ と 引 き 立 つ ── 持田

た。だけど、やはり気になるのは21mという巨大なカーテンウォールで、そこからぶら下がっているレイヤーのパブリック

なども大変だろうなと思いました。夜の光だから高い空間の反射といったこともあるのでしょうけれど、もっと低くてもいいと思う。昼の図書館の形があるから夜の図書館の形がもっと引き立つというか、昼は使われていなくて真っ暗で、夜になるといきなりパッと光が灯るのは少しもったいないと思います。それを合わせると屋根がもっと低くていいし、昼の図書館の使い方も提案の中にあっても良かったと思います。

西田 では0477番の杉山さんいかがですか？

杉山 ありがとうございます。昼の図書館ということも考えてはいたのですが、一つひとつのボックス自体は昼には開いていなくて、夜になると開いて入れるようになります。1階の道は昼でも入れるようになっていて、そこに積まれている本は読むことができるけれど、高田馬場には昼しか開いていないお店や商業施設が多いので、夜に焦点を合わせて考えてみたのが今回の結果でした。そのことについても次回以降、考えてみたいと思います。

西田 以上で、点数が入った7作品全てに触れていただきました。それでは最終投票は各審査員1票です。もちろん3点を入

最終投票（各審査員1票）

No.	大野	小堀	冨永	平賀	持田	吉村	合計
0165			○				1
0167							
0207							
0216		○		○	○	○	4
0252	○						1
0381							
0477							

れた作品に入れてもいいし、議論のやり取りから心変わりをして、2点を入れていた作品、1点を入れていた作品、もしくは入れていない作品に投票していただいても構いません。1人1票を最優秀賞に推したい作品に入れてください。票が最も多く集まったものが最優秀賞です。それには届かなかったけれど、2番目・3番目に得票数の多い作品が優秀賞となります。

それでは最終投票の結果を見てみましょう。最優秀賞は4票を獲得しました0216番の吉村さんです。おめでとうございます。そして1票を獲得した2作品が優秀賞です。0165番の奥田さんと0252番の藤原君、おめでとうございます。

受賞作品

順位	No.	作品名／出展者
最優秀賞	0216	日常のうらがわを／吉村 優里（武蔵野美術大学3年）
優秀賞	0165	学び場のらく書き／奥田 真由（法政大学3年）
	0252	Worm Chair／藤原 彰大（慶應義塾大学2年）
ポラス賞	0167	「ハレ、ケ、ケガレ、ハレ」／小川 七実（法政大学3年）
メルディア賞	0147	手漉き紙に綴る／法兼 知杏（法政大学3年）
総合資格賞	0385	みせるウチ、つなぐソト／大池 智美（芝浦工業大学2年）
佳作	0207	AperTUBE／山田 遼真（武蔵野美術大学3年）
	0217	織りなす床／角田 翔（法政大学3年）
	0381	流れを纏う。／猿山 綾花（東海大学3年）
	0477	夜の図書館／杉山 美緒（早稲田大学3年）
大野博史賞	0172	通り抜ける図書館／松本 渓（早稲田大学3年）
小堀哲夫賞	0392	PLAY! LIFE／飯島 愛美・伊藤 拓音・大杉 早耶・佐々木 大翔・長石 巧三（青山製図専門学校2年）
冨永美保賞	0332	偶発的体験、帯びる緑／小林 大馬（法政大学3年）
平賀達也賞	0436	木も虫も鳥も子供も居る世界の中で／徳家 世奈（東京電機大学3年）
持田正憲賞	0466	水たまり、ヒトたまり／大塚 史奈（東京都市大学3年）
吉村靖孝賞	0232	Sumikiri house／伊藤 綾香（日本大学3年）

授賞式

全ての審査を終えて迎えた授賞式。

はじめに最優秀賞と優秀賞の3名に賞状と盾、副賞として

持ちきれないほどの量の模型材料・スプレーのりが贈られ、

最優秀賞の吉村さん、優秀賞の奥田さん、藤原さんから喜びのスピーチが述べられた。

次にスポンサー賞としてポラス賞、メルディア賞、総合資格賞、佳作の授与、

そして10選以外の作品の中から各審査員賞を発表。

また、運営事務局長の田中雅弘氏より、前回大会に続くサプライズとして

100選出展者全員への副賞の贈呈が発表され、

大きな盛り上がりの中、第2回目の『建築学縁祭 〜Rookie選〜』は幕を閉じた。

冨永 美保

ふわふわな線や模型が生む
オープンエンドなスタディプロセス

小堀 哲夫

エネルギーを
どう表現していくかが課題

大野 博史

〜Rookie選〜での
出会いを大切に

どの作品もとてもレベルが高いものばかりだったが、こういう場に作品を出していろいろな人に見てもらい、評価してもらうこと自体が非常に重要だと思う。また、学生の間に出会った人と人のつながりというものが、社会に出てから何らかの影響を及ぼすことが実はある。受賞した人もできなかった人も、この場に参加してさまざまな人に出会えたことを糧に、今後の設計活動に生かしていってもらいたい。

建築は一人ではできないもので、人の力を借りてつくっていくものだと、今後より強く感じる機会が増えていくと思う。その中で、将来辛い時に、この〜Rookie選〜で出会った誰かが助けてくれるかもしれないので、ここでの出会いを大切にしていって欲しい。

僕は3年生で設計の面白さに目覚めて、フレッシュな気持ちで建築に自分の想いをぶつけようと取り組んでいた。今日は皆さんの作品からもそういったエネルギーをとても感じたけれど、それをどう表現していくかが今後の課題だと思う。

僕は3年生の時に、自信を持ってつくった作品が酷い評価を受けたことがあるが、10選に選ばれなかった学生は、評価されなかった悔しさをバネに設計していくのも面白いのではないだろうか。自分に正直に、自由に取り組めることが設計の面白さであり、同時にさまざまなことを緻密に積み重ねていくことも必要なので、その2つの気持ちを最後まで持ち続けてもらいたい。

皆さんがまだ3年生以下とは信じられないくらい力のある作品ばかりだった。スタディでは3Dや模型、ドローイング、図面などツールが多様になっていて、スタディの各段階でどのツールを使うのかが建築の質にダイレクトにつながっていると実感した。

選択肢がとても多い時代で、プロジェクトにどう向かうのかという際に、オリジナルのスタディプロセスを発明している作品があって面白かった。特に、強い形式を持たない不安定なかたちや身体的な空間発見による創造が、ふわふわの線、模型に表れているような、オープンエンドなプロセスを踏んでいる作品が、私自身としてはとても興味深かった。

平賀 達也

本能的に感じている「違和感」を大事に

持田 正憲

「回り道」をして行き着いた案

吉村 靖孝

卒業設計展でも会えることを期待

準備・運営に当たった実行委員や総合資格、スポンサー企業の方々がいてこういう場があることを皆さんにも認識してもらいたい。将来、建築の力で社会を良くしていくことがそういった人たちへの恩返しになる。

私が所属する団体が国際会議を実施することになり、私は実行委員長を任されているが、世界の先行きがわからない状況下で我々がデザインする意味を議論し、異なる文化圏であっても共有できる普遍的な価値を探したいと考えている。今日の審査では、そういった人間が本質的に持つ欲求や価値、生き抜いていくうえでの知恵を感じ取れた作品を評価した。先行きの見えない時代に、皆さんが本能的に感じている「違和感」を今後も大事にして欲しい。

審査員からさまざまな意見をもらったと思うけれど、審査員の言葉が必ずしも正解とは限らない。皆さんがいろいろなことを考えて感性が磨かれていき、「これがいい」と思えるものが出てきて作品ができているのだと思う。

僕は「回り道」という言葉が好きで、無駄だと思うことや余計なことを考えながら回り道をして行き着いた案は、自分でも納得のいく深みのあるものになるはず。巡回審査で質問をすると、即座に「僕は、私はこう考えた」と言葉が返ってくることが多く、皆さんがさまざまなことを考えてその案にたどり着いたことを感じさせ、夢中で建築に取り組んだことがわかった。そういう時間はとてもいいもので、これからも大切にしてもらいたい。

今日の審査はまさに他流試合で、さまざまな競技をミックスした感じが面白かった。卒業設計の作品だとある程度平準化して、ある種の型が出来上がっているが、皆さんはまだ3年生以下なので荒々しい生な感じがとても良かった。

卒計との比較で言えば、ほとんどの作品で敷地模型がなく、学内で共通の敷地だからだとは思うけれど、周辺のコンテクストを説明するためのツールが圧倒的に足りないと感じた。10選の作品はコンセプチュアルで、周辺がどうであれ自立して成立するものが多かったが、将来、施設的な規模で卒計をつくるのであれば、周辺のコンテクストをつくり込むことに気を配って欲しい。いつか皆さんと卒業設計展でも会えることを期待している。

藤原 彰大さん   吉村 優里さん   奥田 真由さん

建築学縁祭 受賞者座談会

受賞者たちが語る ～Rookie選～ とその先

2回目を迎えた～Rookie選～で最優秀賞・優秀賞に輝いた3名が、
どのような想いで審査に臨んだのか！？ 印象に残った審査員の言葉、他の出展作品を見ての感想、
今後の設計活動への影響など、出展者の視点から見た建築学縁祭を語っていただいた。
受賞者たちの言葉から、～Rookie選～を浮き彫りにする。

～Rookie選～に向けて

Q 吉村さんと奥田さんは前回も参加していますが、今回はどのような気持ちで臨みましたか？

吉村 前回は他のコンペなどスケジュール的に難しく、体調を崩してしまいプレゼンができなかったので悔しい思いがあり、今回は絶対に出たいという強い気持ちで臨みました。

奥田 前回は他のコンペで落選して悔しい思いをしている時に、関東を中心としたコンペがあることを友人から聞いて応募しました。設計について悩んでいた時期だったので、当たって砕けろというつもりでした。その結果、10選に残った時は本当に驚いて、自分が思っていたのと違う評価を受けたので、見る人の角度によって評価が異なることを初めて実感しました。3年生になってからは、前回も100選に選ばれているので、しっかりと前年の自分を超えつつ、それ以上のものが得られるように頑張ろうという気持ちでした。

Q 藤原さんは応募したきっかけは何ですか？ どのようなイメージを持っていましたか？

藤原 ゼミの教授の紹介で応募しました。「建築学縁祭な

のに課題でつくったのは椅子じゃん」と思ったのですが（笑）、出してみないとわからないと言われ、面白そうだから思い切って出してみました。コンペに応募すること自体が初めてで、とりあえずホームページで前回の作品を見て準備しようと思ったのですが、その時点でもう圧倒されました。100選ということでレベルの高い作品ばかりで、凄いコンペなんだというイメージでした。

Q 学校での評価とそこからブラッシュアップしたところは？

吉村 学内でも高く評価してもらえて、そこで自信を付けたところはあります。前回の悔しさもあったので、3年前期の課題で～Rookie選～には絶対に出すと決めていました。そのために、学内でプレゼンする度に先生から言われたことを全部ブラッシュアップして、模型を新しくつくり、とにかく作品の密度を上げていこうという気持ちで取り組みました。特にプレゼンボードは、巡回審査のプレゼンは短時間なのでしっかり見せないといけないと前回を見て感じていたので、説明文をしっかりと書き込みました。

奥田 担当指導教員からは、「これはただのスタディで完成したものではないけれど、ここに新しい図書館の姿を求めるという問いに対しては誰よりも良かった」という評価はいただきました。そこから～Rookie選～に向けて、

自分の考えが直接伝わっていないことが課題であると思い、そこを整理して端的に述べられるようにすることで、自分がやりたかった理論ができるのではないかと考えました。「人の手によって完成されていく建築」という世界観を大事にしたかったので、それに合わせたパースを描き、模型写真を加工し、伝わりやすいようにダイアグラムを描き直しました。

藤原　学内でも優秀賞を取りましたが、それとこれとは別のものと考えて応募しました。授業の最終発表で用意したのはスライド資料と椅子本体だけで、プレボがそもそも存在しなかったのでゼロからつくっています。つくり方もわからず、パッと見た時にどこを最初に見てもらうのかを考え、そこから細かく見てもらう順番や優先順位を付けていきました。先生からアドバイスを受けたり、先輩に相談したりして、グリッドに沿ってつくるといった基本的なところからプレボのデザインを学びました。一次審査で審査員にプレボを見てもらえるのはほんの数秒だと聞いていたので、最初に何か目を引くものを表現することを心がけました。

受賞者たちが挑んだ審査会

Q 審査員の言葉で印象に残ったものはありますか?

吉村　冨永さんから「暗闇の中にいる喜びみたいなものをもっと表現して欲しかった」と言われて、その言葉が今も心に残っています。それをきっかけに、設計の仕方や設計した後の見方などを3年後期の課題では意識して取り組んだのですが、まだしっかりとは答えがわからず引っかかっています。

藤原　小堀先生からは、短いプレゼンなのに作品の仕組みを一瞬で見抜いた指摘を受け、しかも改善案もいただいて、その鋭い視点がとても印象的でした。冨永先生からは「改善し続ける姿勢が大切だから継続していくべき」と言われて、今後ものづくりをしていくうえで意識していきたいと思いました。

奥田　「スタディの延長的な模型がつくれていて雰囲気もあって、建築物が成り立っている」という言葉を冨永さんからいただき、設計した人が完成させるのではなく、利用していく人たちが重ねて重ねて一つの建築が出来上がっていって欲しいという、設計物の佇まいという部分が伝わって良かったです。

Q 奥田さんは前回も10選に選ばれましたが、その経験は生かされましたか?

奥田　前回も同じ舞台に上がっていたのでそれほど緊張しませんでした。今回は同じ大学からの出展者が多く、10選にも数名選ばれていたので、その同学年の人たちと今後どう議論して、与えられた課題に対して自分の考えをどう伝えていけるのか、すでに将来の講評会のことを意識し始めていたように思います。前回は10選に残ったことにびっくりし過ぎて、気づいたら自分の番が来て、総合資格賞をもらって…という感じでしたが、今回は自分がプレゼンするところの一つひとつまで覚えていて、自分がなぜ評価されて、逆になぜ優秀賞で止まったのかをその場で考えられるくらいに冷静でした。

Q 吉村さんは最終議論の最初の投票では圧倒的な得票数でしたが、どう受け止めましたか?

吉村　驚きました。なぜ評価されたのかをずっと考えていて、いまだにわからないです。頑張ったのは頑張ったとは思うのですが、この作品は実は2年生までの作品とは全く違うテイストでつくっています。「きちんと建築を建てて、中の空間もきちんと考えなければいけない」と大学ではよく言われたので、初めてそれに挑戦してみたというところがあり、まだ自分のなかで定着していない新しいチャレンジでした。まだ手探りで、これを踏まえてどうすればいいのかを模索中なので、これで完成したとは思っていません。

Q 他の出展作品を見ての感想、お互いの作品で気になった点などありますか?

藤原　目を引くものがあって、色味なども細かく表現されているプレボがたくさんありました。他大学の方々がどういうものをつくっているのか見れて良かったです。吉村さんの作品は、まずこの構造はどうすれば思い付くのかと驚きました。見た目だけでもカッコイイし、光の入り方や角度をシミュレーションしながら最終的な形に持っていけているところが凄いです。奥田さんの作品は模型が印象的で、一見複雑なようで、細部まで設計がきちんとなされていました。建築の設計課題を次の学期で取ろうと

考えていますが、2人の作品を参考に、機能面だけに縛られず面白い形のものをつくれたらいいなと思っています。

奥田 吉村さんの作品は、同学年なのに建築の言語として図面を描けていて驚きました。本当の意味で建築自休に向き合っていて、私はただ自分の世界観に溺れているだけだと反省しました。学内ではどの先生がどこを評価するのかがわかるようになり、それに合わせた作品が多くなるのですが、ここはそれとは違う軸で評価される場であり、だからこそきちんと建築の言語で話さないと伝わらないということをとても感じました。吉村さんの作品は図面を見るときちんと基礎があって、何材を使っているかが一目でわかり、本人がいなくてもどういう作品なのかが伝わるプレボで、そういう模型をつくっていました。建築家に伝わる言葉で話せていなかったことが、私と吉村さんの差だと思っています。藤原さんの作品は、1／1でつくって自分の体重を掛けられるかどうかという、私たちが苦労しているもう一歩先のことをやっていると思います。材料の枚数が決まっていて無駄がつくれないため、「節約」という設計の段階では考えないところまできちんと収めて、求められているレベルに持っていくのは凄いと思います。実際に座ってみたかったです（笑）。

吉村 やはりプレボがよくできている作品が多かったです。奥田さんの作品は学内では見たことのない表現で、こういうコンペでは面白い表現をいろいろ見ることができて、たくさん写真を撮って真似しようと思いました。藤原さんの作品は「椅子なんだ」と驚いて（笑）、でもプレボの絵を見ると、プロダクト専攻の学生がつくったものより全然素敵でした。やはり実物は良さがダイレクトに伝わってきて強いなと思います。これをつくった時点で凄いし、課題も良くて、発想自体も面白いです。

Q 会場の模型台は学生実行委員会が第1回の時に企画してつくったのですが、作品の展示方法や審査方法はいかがでしたか？

奥田 100作品が並んでいるのには圧倒されました。巡回審査では、作品の大きさによって見る人の視点が変わってしまうのではなく、きちんと同じ高さの模型台が並んでいて、作品同士が隣合っているためある意味影響を受けるけれど、審査員の人たちにとってはその場でこの作品を見極めないと次の作品に持っていかれるといったところがあり、面白いと思いました。

藤原 僕の作品は重くて心配だったのですが、全く揺れないしとても頑丈な模型台で全然余裕でした。プレボが下にあることで、模型にきちんと注目が行くような配置になっていて良かったです。巡回審査は短いので、自分が伝えたいことの優先順位付けと、プレボのどこを指せばいいのかを考えることの大切さがわかりました。全部説

明したら絶対に間に合わないし、印象にも残らないので、トークできるポイントをきちんと考えてプレゼンするのが難しかったです。

吉村 他の設計展に出展した時は、台は自分でつくらなければならず力量次第で不安定になったり、私の周りの作品に高さがあって見えにくかったりしました。～Rookie選～の模型台は頑丈で安定感があって、プレボが前にあるのも嬉しかったです。巡回審査では短い時間で全部伝えきれなかったのですが、何度もチャンスがあるので、1人目の審査員が終わったら次の審査員が来るまでに「こういうことを言おう、これは言わないでおこう」といった調

節ができて、どんどんプレゼンをブラッシュアップできました。

～Rookie選～のその先へ

Q 今後に繋がるような「縁」などはありましたか？

藤原　近くの出展者の方々と話せたことが良かったです。ただ見て回るだけではわからなくて、やはりプレボと模型があるその横につくった本人がいて、声を掛けて話を聞けるというのは貴重な機会でした。「椅子じゃないですか」と声を掛けられることもあって、「畳めるんですよ」と返したり（笑）。直接交流できて良かったです。

吉村　奥田さんとは友だちになりました。大学の卒業設計展を一緒に回ったり、後期の課題をお互い送り合ったりしています。私は後期が図書館の課題だったので、奥田さんに何を考えてつくったのかを聞いて、共有させてもらうこともありました。他の出展者とも模型づくりをお互いに手伝うなど、「建築学生みたいなことをしているな」と実感しています（笑）。

奥田　吉村さんとは建築新人戦の会場でも会って、いろ

いろ話すようになって仲良くなりました。建築学縁祭も含めて、同じ大学ではない人と話すきっかけが増えて、他の大学の大学院に進みたいと考えるようにもなりました。

Q 今回の経験を今後にどう生かしますか？

吉村　設計のスタンスや内容についてもいろいろ意見をいただけて、改善するところがたくさんあったけれど、それ以上にプレゼンでは短い時間で何を伝えるか、プレボでの表現などもとても勉強になりました。プレゼン慣れしたというか、プレゼンを改善する機会はなかなかないので今後に生かしていきたいです。あとは結果が良かったけれどあまり浮かれ過ぎないようにという（笑）、そういう心持ちです。

奥田　たとえば断面図で、「ここに柱が立って自立するわけがない」という感覚を卒業設計の前に身に付けたい、図面をきちんと描けるようになりたいと実感しました。この作品で多くの人に言われたのは、「“落書きする場としての図書館”と“浮世絵の姿を投影した設計物”のどちらをつくりたいのか」でした。自分の考え方として、一度広げた風呂敷をさらに広げようとして回収し切れないという特徴があるので、「これは自分の手で設計したんだ」という感覚を持てるようになりたいです。アウトプットされたものを整理して、もう一度アウトプットし直すというやり方が自分には一番しっくりくることがわかったので、アウトプットの量を増やしてブラッシュアップし、その精度を上げていくという設計をしていきたいです。

藤原　一番良かったのは、初めて参加したコンペなので、他の大学の人の作品を見ることができて大変勉強になったことです。自分のなかでは「よくできた」と思えた時でも、今回見た作品と頭の中で比べて、「いやあの人はこうやっていたな」と比較できる対象ができたのが、今後に生かせるとてもいい経験になりました。次は建築の作品で勝負したいですね。

100選特別賞 授賞式

〜Rookie選〜の100選の作品には、本選に臨んだ努力を称えて特別賞が授与され、会期を終えた後日、
総合資格学院各校で授賞式が執り行われた。出展者たちにはそれぞれ最寄りの総合資格学院校舎へ足を運んでもらい、
スプレーのりや建築関連書籍など、建築を学ぶ学生に役立つアイテムを副賞として贈呈。
100選出展者たちの笑顔が各校で咲いた。

The ARCHITECTURAL SCHOOL FESTIVAL
for NEXUS 2022®

首都圏大学・専門学校
設計課題シンポジウム
Symposium for Architectural Design Education

「これまでとこれからの設計教育について」
をテーマに議論する公開討論会。5名の教
員が各校での取り組みを発表し、パネルディ
スカッションと座談会で深掘りしていく。

設計課題シンポジウム

開催概要

2022年9月3日(土) 12:30

[第一部] 教員発表
[第二部] パネルディスカッション

テーマ

これまでとこれからの設計教育について
―― 設計課題を通して見える設計教育のあり方改革 ――

首都圏の大学・専門学校で設計課題の授業を担当している教員、課題制作に関わっている教員など、

パネリスト4名と司会進行兼パネリストの計5名による公開討論会。

第一部では、各パネリストが自身の所属する学校と学内での設計課題に関する取り組みを紹介。

また、設計教育に対する考え方、今後の課題などを発表した。

第二部では各パネリストの発表を踏まえて、これからの設計課題・設計教育のあり方について、

多様な観点から意見を交わすパネルディスカッションが行われた。

設計教育を受けた学生たちの卒業後の進路について、またJABEEやデジタル教育といったキーワードから、

設計教育を取り巻く現状と未来を紐解いていく。

司会進行 兼 パネリスト

今村 雅樹
Masaki Imamura

日本大学 理工学部 建築学科 特任教授

パネリスト

今井 弘
Hiroshi Imai

ものつくり大学 技能工芸学部
建設学科 教授

パネリスト

岩田 伸一郎
Shinichiro Iwata

日本大学 生産工学部 建築工学科
教授

パネリスト

小林 猛
Takeshi Kobayashi

日本工学院八王子専門学校
建築学科・建築設計科 科長

パネリスト

下吹越 武人
Taketo Shimohigoshi

法政大学 デザイン工学部 建築学科 教授

体感しながら設計を考える、「理論」と「実践」が一体化した教育

今井 弘
Hiroshi Imai

ものつくり大学 技能工芸学部 建設学科
教授

アーキ・スペースデザイン研究所勤務、東京工業大学研究
生を経て

1993年　青年海外協力隊

1999年　NGO ピースウィンズ・ジャパン

2007年　建築研究所 専門研究員

2010年　防災科学技術研究所 研究員

2015年　毛利建築設計事務所

2019年〜　ものつくり大学技能工芸学部建設学科 教授

ものつくり大学は、「進化する技・深化する知」というテーマを実践するために、「テクノロジスト」を目指して、「理論」と「実践」が両輪のように一体化した教育を理念としています。技能工芸学部の１学部のみで、ここに情報メカトロニクス学科と、私の所属する建設学科の２学科があります。建設学科とは、建築と土木の両方をカバーすることを意味します。また、大学の名称が「ものづくり」ではなく「ものつくり」なのは、古の大和言葉から取って、濁音がない「ものつくり大学」と名付けられました。建設学科には、木造建築コース、都市・建築コース、仕上・インテリアコース、建築デザインコースの４コースがあり、私は建築デザインコースに所属しています。

建設学科のカリキュラムには大きな特徴が２つあります。１つ目は設計も含めて、実習が７割ということです。実習では250名を超えるさまざまな職種の方々が、非常勤講師として指導しています。また、２年生の夏休み前には、必修で40日間の基礎インターンシップがあります。40日ということは、週5日として２カ月間フルで行うということです。受け入れ先の企業としてはゼネコンや工務店はもちろん、設計事務所に行く学生も多くいます。この基礎インターンシップを終えると、社会のなかで働く経験をすることで、学生たちの目つきが変わり、授業に対する姿勢も変わってきます。そして２年生の後半から４つのコースに分かれて、３年生の半ばに研究室に配属となり、最終的には卒業研究に向かって行くことになります。卒業研究は卒業設計、卒業論文、卒業制作の３つのなかから一つを選びます。

実習の授業では、１年生は最初に木造に取り組み、全学生がノミ・カンナ・ノコギリなど一式を購入します。まずは道具箱をつくり、刻みと仕口を制作します。他には、単管パイプを使った仮設の足場をつくる授業もあります。足場は学生にとっても印象に残るようで、その後の自身の設計作品に足場を使う学生も見られます。また、RC造の授業ではL型のものをつくり、配筋から型枠の作成、コンクリートの打設、脱型まで、実習を通して学びます。仕上の基礎では、漆喰やモルタルのコテ仕上げなどにも取り組みます。必修ではない選択の授業もありますが、大半の学生が上記のような授業を受けています。２年生から３年生にかけては家具や小屋組のコーナー部などもつくり、最終的には１チーム10〜15名で東屋をつくります。また、実習の授業を通してモニュメントなどもつくっており、2021年度は創立20周年を記念して、２m弱のT型のモニュメントをつくりました。研究室によっては、卒業制作でミゼットハウスの復元にも取り組むことがあります。

２つ目の特徴として、「世界を変えたモノに学ぶ」というテーマの、実寸で再現するプロジェクトがあります。2010年はル・コルビュジエの「カッ

1年次の基礎および実習の授業

プ・マルタンの休暇小屋」をつくりました。情報メカトロニクス学科では鉄の旋盤加工も学んでいるため、釘一つからつくって再現しており、実物とほぼ狂いないとコルビュジエ財団からも認められました。他にも妙喜庵の待庵をつくり、2018年に六本木ヒルズの森美術館の展覧会で展示しました。

次に設計系科目を紹介します。1年生では線の描き方から始めて、木造建築のトレース、RC造のトレース、そして後半では10平米程度の小屋を設計します。2年生では最初に住宅を設計し、基礎インターンシップを経て、その後は選択の授業となり、集合住宅や幼稚園、公共建築として美術館の設計やリノベーションなどもやります。3年生の4クォーターでは、東京建築士会主催の「住宅課題賞」に出展するため、集合住宅の課題で学内ドミトリーを設計します。学内には大製図室が校舎の2階にあるのですが、ブラインドを開けると1階の実習棟の吹き抜けに面していて、「理論」と「実践」が上手く一体化した象徴的な空間となっています。

設計製図の授業で特徴的なのは、1年生の2クォーターで木造住宅をトレースするのですが、校内にあるカップ・マルタンの休暇小屋の平面図・立面図・断面図をトレースすることです。1回目の授業で建築を見学して、図面を描き始めてからもわからなければ見に行って構わないという方法を取っています。RC造でも学内の本部棟など、とにかく触って見て、実際に確認できるものに取り組んでいます。また、1年生の終わりから2年生の頭にかけての小屋・住宅の設計では、大学の近くの敷地を想定して、悩んだ時には実際に敷地に行くというように、体感しながら設計を考えることに重きを置いています。3年生の2クォーターでは、ものつくり大学らしさはないのですが、比較的大きな中規模のRC造で公共建築に取り組みます。今回の建築学縁祭にこの課題で出展している学生もいます。4クォーター制ですので、7回の授業プラス補講日の8週間で取り組んでいますが、このサイズを仕上げるのは難しく、あらかじめキューブと直方体の形を与えて、それを組み合わせるなどして展示空間をつくるよう指導しました。これも大学の近くの敷地を想定しており、高さ10m以下、800平米の延床面積としています。

設計の授業において、ものつくり大学として最も重要視しているのが「スケール感覚」を養うことで、それこそコルビュジエのモジュロールのように身体尺を用います。授業によってはサーベイでスケールを持たず、とにかく歩幅だけで測って図面を描かせて、それを実際の図面と照らし合わせてどれくらいの狂いがあるのかを比較するということもしています。私が非常勤講師だった2006年頃はセルフビルドでシェルターをつくる授業もあったのですが、図面を作成していなかったため、1級建築士など資格試験の科目に認定されなかったこともあり今は中止しています。今後、認定されるように授業の内容を検討して、復活させようとしているところです。

「カップ・マルタンの休暇小屋」原寸プロジェクト

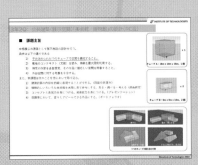

3年次の設計課題(公共建築「美術館／博物館」)

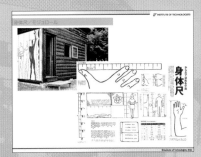

スケール感覚を養う身体尺

設計教育では、客観的に自分の考えを整理することが大切

岩田 伸一郎
Shinichiro Iwata

日本大学 生産工学部 建築工学科 教授

1996年　京都大学工学部建築学科卒業
1998年　京都大学大学院工学研究科建築学専攻修了
鹿島建設建築設計部、京都大学工学部建築学科 助手を経て
2004年　日本大学生産工学部 専任講師
2009年　日本大学生産工学部 准教授
2017年〜　日本大学生産工学部 教授

本学科は、1学年の定員が198名で、デザインからエンジニアリングまでバランス良く学ぶ建築総合コースが150名、設計の演習が多く少人数のスタジオ教育的な教え方をする建築デザインコースが30名、女子学生に限定し、家具やインテリアなど住空間に力を入れた居住空間デザインコースが30名という内訳です。1年目は建築総合コースと居住空間デザインコースの2コース制で進み、1年生の終了時に、建築総合コースのなかから建築デザインコースを選抜します。2022年度からはJABEEのカリキュラムがスタートしました。今まではデザイナーの輩出を主眼としてコースを組んでいたのですが、これからは学科全体が一つのコースになります。ただ、決してデザイン教育を放棄したわけではなくて、デザイン志向の学生は3年生以降の選択科目で対応します。新カリキュラムは始まったばかりですので、今日はこれまでの各コースにおける課題を紹介します。

まずは1年生ですが、前期は住宅図面のトレース課題で製図の基礎を一通り学びます。建築総合コースでは「前川國男自邸」、居住空間デザインコースでは中村好文先生の「上総の家」をトレースします。後期は、建築総合コースでは「外部空間を接続する施設」という、集会所の課題に取り組みます。架構のスパンやファサードの考え方など基本的な設計のプロセスを体験させる課題ですが、併せて、階段部分だけを抜粋して階高とスパンの関係などを考えさせる小課題も実施します。居住空間デザインコースの1年生後期では、環境との調和がテーマの「湖畔に建つセカンドハウス」と、プライバシーなどに配慮した都市型の住宅の2つの課題を出します。住宅課題に数多く取り組むことで、住宅のスペシャリストを育てようとしています。

2年生になると、建築総合コースでは前期の第1課題で「キャンパスの中のレストハウス」という、15年ほど続けている課題を出します。学生はすぐに箱をつくって、置いて、開けてというつくり方をするので、その固定観念を壊すため、あえて空間のつくり方を限定します。最初に操作対象となるエレメントを選ばせて、一つひとつの役割や意味を考えながら、変形させ操作し、配置することで場をつくります。敷地に何度も足を運んで、感覚を研ぎ澄ませて周りを観察し、シンプルなルールで多様な場をつくるよう指導します。第2課題では、「数学者の家」という戸建住宅に取り組みます。環境条件を読み取って住宅の機能をまとめることが目標で、数学をキーワードに、形の生成手法や造形美を考えることも課します。後期では課題の規模が大きくなり、第1課題では自由度の高い敷地で自由に造形をつくらせるミュージアム、第2課題では厳しい面積条件でボリュームの中に機能をまとめさせるオフィスを出題しています。

建築デザインコースの2年生前期では、「8mキューブ」という空間構

建築総合コース2年前期の設計課題

「8mキューブ」（建築デザインコース2年前期の設計課題）

成をテーマにした課題を、時間を掛けてじっくり取り組ませます。8mという微妙な寸法が肝心で、一般的な階層の概念から脱することを意図しています。住人も敷地もあえて想定せず、周辺の街並みや風土などを切り離して、空間の自立性と秩序を考えることに集中させる課題です。模型ができてから図面を描くという特殊なステップを取ることで、ビルディングタイプの思考にとらわれないよう工夫しています。後期では、社会的な関係から建築を考える2つの地域施設を出題します。類似したプログラムを立て続けに出題することで、規模や立地によって交流やコミュニティという言葉の意味も全然違うことを理解して、考えさせることが目的です。

居住空間デザインコースでは、2年生前期に「○○の住宅」という課題を出します。1年生から3課題連続で戸建住宅に取り組むと、住宅の知識も増えて、スケール感も身についてくるので、小慣れた案がたくさん出てきます。第2課題では4年間で唯一の住宅以外の課題「個人記念館」を出題します。集合住宅の課題を始める前に、公共性などを考えさせるのが狙いです。そして後期には、集住居住として個室が20～30ある学生寮を出題します。これは提案の自由度が高いため、戸建住宅の課題を続けてきた延長として集住居住を考えやすくなります。ここで一気に規模をスケールアップしますが、その後すぐに、4年間で一番規模の小さい「3m×3mの最小限住宅」という課題を出して、改めて身体スケールについて考えさせるという構成です。

続けて3年生前期は、建築総合コースでは地域社会との関係性をテーマに、「自分の通った小学校の再生」という課題に取り組みます。千葉県の5大学で共通課題として出題していて、「Cリーグ」という合同講評会も実施しています。建築デザインコースでは、4つの即日設計課題と1つの本課題で構成された「シアタースペース」に取り組みます。即日設計で出てきた案に対して丁寧にレビューして、本課題にフィードバックさせるというプロセスを取っています。居住空間デザインコースの3年生後期では、建物の保存再生をテーマにした集合住宅「SKELETON & INFILL」と、1/50の軸組模型をつくる「民家再生」という課題を出します。

本学では全ての講義・演習で、eポートフォリオというWEBシステムを運用しています。そのなかに講義日誌という機能があり、建築設計の授業では、制作過程で自分がどんなことを考えたのかを必ず言語化させ、スケッチや模型も写真を撮って、全てログを残させます。教員も履歴をチェックして、学生が何を考えて今に至っているかを見ながら指導に臨みます。設計教育では特に文字に起こすことで、客観的に自分の考えを整理することが非常に大切だと感じています。その他、自己評価機能では、課題の目標に対してどれだけできたかを評価させており、次に向けての自分の課題を常に意識させることが、eポートフォリオの活用で上手くできています。

千葉県5大学の共通課題「自分の通った小学校の再生」

オリジナルのWEBシステム「eポートフォリオ」を活用

20年後を見据えて、学習に取り組みやすい環境を整える

小林 猛
Takeshi Kobayashi

日本工学院八王子専門学校
建築学科・建築設計科 科長

1980年　東京都生まれ
2005年　日本大学理工学部建築学科卒業
2007年　東京藝術大学大学院美術研究科修了
2007年　住友不動産、デザイン事務所2001共同設立
2015年　日本工学院八王子専門学校入職
現在　　日本工学院八王子専門学校
　　　　建築学科・建築設計科 科長

20年後を見据えた新しいカリキュラム

日本工学院八王子専門学校は、東京の八王子市にある郊外型の大きなキャンパスです。建築系では建築学科（4年制）と建築設計科（2年制）があり、BIM専攻、建築・インテリア設計専攻、建築構造・設備専攻、建築施工専攻の4つのコースで、いろいろなものに興味を持って特化していけます。今はちょうど過渡期で、カリキュラムが2023年度から変わっていく予定です。これからコンピューターの性能が上がっていくなか、デジタルな人材を育てるという課題はどの学校も一緒だと思います。一方で18歳人口が減少することもあり、社会人入学や、短時間でBIMだけを学びにくるような学生が現れる可能性も考えて、リカレント教育まで踏み込んでカリキュラムを作成しているところです。レーザーカッターやAIも学校教育に入ってきており、設計を考えることが多様化している時代なので、20年後を見据えた教育を考えています。また、「これをやればステップアップできる」という教育設計図というものをつくったり、産学連携で地域と学んだり、ドローンや映像、プログラミング、語学など建築と関わる他の領域についても選択できるカリキュラムになる予定です。

設計課題については、これまでは建築計画1と2という授業が段階的につながっていることはわかりやすかったのですが、設計製図自体がどういう位置付けで組み立てられているのかが曖昧だったため、そこを明確にします。まず1年生では、設計製図と同時進行で建築計画や一般構造、材料、測量の授業を行い、それらが設計に関連していることを学生に伝えます。すると、たとえば建築計画の授業で学んだ通路幅や階段の蹴上などを、設計でどう生かせばいいのかがわかりやすくなり、各科目がどう関係して、最終的に卒業制作にどう結びつくのか、学生たちが全体像を理解していきます。1年生では最初に有名住宅の模型をつくり、写図をして製図の基礎を学んでいきますが、各学年の前期・後期で何を学ばなければいけないかを明確にし、「基本の製図を学ぶためには写図が必要」と示す形で課題をつくっています。続いてスケール1〜3という授業で、木造住宅や集合住宅の課題に取り組み、人間工学や住宅建築、グループでの空間づくりを理解してもらいます。また、ビルディングタイプありきの設計課題の設定をやめようと、各教員とディスカッションしているところです。そして表現スケール1〜3という授業で設計の規模が大きくなり、2年生になるとものづくりやことづくり、また環境的なことも学びます。3年生では実際に地域とつながって産学連携にも取り組みます。4年生になると少し複雑なコンプレックスに取り組み、最後に卒業制作という流れです。

1年生の写図ではとても簡単な図面に取り組みますが、「平面図は床から1mのところを切ったもの」と教えてもなかなか理解できません。そ

こで3Dのモデルをつくって、学生にQRコードからそのモデルにアクセスしてもらいます。そして「ここで切ると平面図の床上1m」と言えば、モデルをグルっと正面に向けて上から見て、3Dで平面図を理解できます。便利なソフトやアプリがたくさんあるので、ゲーム感覚で理解を促すということを1年生からやっています。RC造については、安藤忠雄先生の「住吉の長屋」をモデル化したものを使っています。「わからないからモデルに戻ってみよう」と繰り返すことで、断面や平面、空間全体の理解が深まります。そういう意味でデジタルツールを使う教育を心がけています。

特徴的な課題としては、バイオクライマティックデザインによる住宅設計と、環境共生住宅があります。環境破壊が叫ばれる時代に、設計や建築に関わる人間が環境への理解がないのは問題だと思い、それを身につけるための課題です。また、「教員によって評価軸が違う」という学生の意見が多いため、それを統一化したいと考え、ルーブリックの評価基準を取り入れています。過去の作品を参照しながら評価軸をつくり、1回目の授業で学生にきちんと説明して丁寧に伝えます。設計教育が放任主義にならないよう、きちんと学生を支援しようということです。評価軸を示すことで、学生の作品には、風や日の入りなど環境を考えたものや、屋上緑化を詳細までしっかりと考えているものが見られるようになりました。また、講評会はオンラインで実施して、保護者や外部の方も見ることができ、ワイワイと楽しいものになっています。環境共生住宅の課題では、学生たちに使ってもらいたいアプリやソフトを紹介して、それを体験しながら取り組ませています。

文部科学省からの委託授業も受けており、そのなかで先端技術を使って住宅のコンセプトシートをつくりました。また、全国5カ所の専門学校をつないでオンラインでの授業を実施して、先端技術を用いて住宅をつくりました。こういった授業で、デジタル技術や最先端技術への理解度を深めるために各種ツールを使用しています。近年、卒業制作では、TwinmotionやLumion、またさまざまなBIMのソフトを使った綺麗な動画が増えてきています。一方で、1年生ではスケッチや一般的な製図にも取り組んでいて、もちろん建築士資格を取るための授業もあります。

新入生には入学時に、「どういうことを考えてこの学校に入ったのか」、「なぜ建築をやりたいのか」を聞いています。すると、「建築を学ぶのが初めてで不安です」という返答があり、どの学生も何かしらの不安を抱えているようです。そこで私たちは、新入生が4年間旅する指針となるように、クリストファー・アレグザンダーのパタン・ランゲージのような形で建築を学ぶための地図みたいなものをつくりました。それをもとに建築トランプをつくって新入生に配り、友人をつくる機会にもなるようワークショップも実施するなど、学生たちが学習に取り組みやすい環境を整えています。

設計課題で3Dモデルと図面を往復する

バイオクライマティックデザインによる住宅設計

パタン・ランゲージで建築を学ぶトランプ

設計には多様な取り組み方やアプローチの仕方がある

下吹越 武人
Taketo Shimohigoshi

法政大学 デザイン工学部 建築学科 教授

1965年	広島県生まれ
1988年	横浜国立大学工学部建築学科卒業
1990年	横浜国立大学大学院修了
1990年	北川原温建築都市研究所
1997年	A.A.E.設立
2009年	法政大学デザイン工学部建築学科 准教授
2011年〜	法政大学デザイン工学部建築学科 教授

まちで実測し模型をつくるフィールドワーク（3年前期）

「絵本ライブラリーをもつ幼稚園」（2年前期）

「図書館+α」（3年前期）

本学科は学生数が1学年135名、教員数は専任12名と教務助手1名という少人数体制です。大学院の建築学専攻では、2年コース以外に、建築学科を卒業していない学生を受け入れる3年コースを用意しています。また、修士論文で修了するラボ系と、修士設計で修了するスタジオ系の2つのカリキュラムがあります。学部から大学院までを含めた6年間で設計教育を組み立てているのが特徴です。法政の建築教育の礎を築いたのは大江宏先生で、著作を全学生、全教員に配布しています。建築家という職とは何か、デザインと技術はどのような関係であるべきかなどをまとめたもので、これが私たちの教育の基礎になっています。

設計演習については、学部1年生のデザインスタジオ1から大学院のデザインスタジオ11まで、連番で科目を設置しています。それと並行して他のスタジオも展開しており、たとえば構法スタジオでは住宅規模の木造建築を設計します。実施設計と同程度の図面を仕上げるもので、矩計図まで描くことが学生の自信につながるようです。3年生前期には、まちに出て建物を実測し、模型をつくるフィールドワークがあり、環境デザインスタジオやビルディングワークショップなど、環境系や構造系の学生も取り組める演習科目も用意しています。大学院では、スタジオ系でデザインスタジオ8〜11を必修としており、ほぼ毎日課題をこなしていきます。デザインスタジオ11は研究室の指導教員と、客員教員を招いたダブルティーチングが特徴で、常に2人以上の教員からエスキスを受けて修士設計をまとめていきます。

各スタジオの課題について紹介します。2年生前期のデザインスタジオ3では、「絵本ライブラリーをもつ幼稚園」という、幼稚園にどう他者を入れるかを考える課題に取り組みます。2年生後期は、アーティストを1人選定してギャラリーを設計する「緑の中のメモリアル・アーカイブズ」という課題で、空間を抽象的に、コンセプチュアルに組み立てることを重視しています。3年生からは社会や地域にも関心を広げて提案をまとめる課題構成になり、前期は「図書館+α」という集合住宅と図書館の課題を出します。4名の教員がそれぞれつくった課題から選ぶ選択制になっています。3年生後期の課題は「地域の拠点としての学校を考える」で、自分の卒業した小・中学校をコミュニティコアとしてどう設計できるかを考えます。前半と後半で指導教員が変わり、教員によって全く異なる角度から評価を受けるのが特徴です。また、大学院ではリサーチワークを重視して、調査や思想をベースにどう建築を組み立てるかが求められますが、近年、学生の課題の取り組み方が非常に定型化している印象があり、課題の内容を一新する方向で議論しています。もっと多様な取り組み方やアプローチの仕方があるので、方法論そのものを見直して課題を組み立て直しています。

赤松佳珠子先生が担当するスタジオでは、渋谷を対象に３つのスケールを与えて、それに基づいて場所を読み解き、建築的な提案をする課題に取り組みます。また、「ノンバイナリー・シティー」という課題では、２つに分けない建築の在り方を考えるのですが、リサーチから提案まで２色のみで描くツーカラードローイングというルールを与え、その枠組みの中で課題をつくっていきます。山道拓人先生は「シン・ピクチャレスク」という、著名な絵画の模型をつくり、元の構図の通りに写真を撮影する課題を出しています。ライティングや撮影方法を考えるなかで得た空間や建築についての気づきを、都市に落とし込んで提案するという内容です。大学院の課題を変えようと私が最初につくった課題は「建築の時空間」で、まず対象地域について５分間のフィルムをつくらせます。そこから建築的オブジェクトをつくり、それを使って具体的な提案に結び付ける３段階の構成です。通常のリサーチとは違うアプローチを取ることで思考を柔軟にします。以上のように、大学院は教育というより研究という位置づけで捉え、学生と一緒に答えのない課題を設定し、議論しながら作品をつくり、学部の教育にもフィードバックするというアプローチで取り組んでいます。

下吹越先生が担当する「建築の時空間」（大学院前期）

　デザインスタジオの課題作品は作品集として毎年まとめており、授業で著名な建築カメラマンに模型撮影を指導してもらい、そこで学んだ学生が下級生をサポートするなど、学生も編集に多く関わっています。建築誌の元エディターの方を招いて、編集者の目でダメ出しをしてもらい、普段の課題発表とは違う評価軸からのコメントも得られます。また、IAEサーバーという学内のサーバーを用いて、授業で蓄積した電子データの活用にも取り組んでいます。その一つがPinBoardで、講評会で選定された優秀作品などをIAEサーバーで学内に公開し、閲覧できるようにしています。卒業論文の発表データなど、過去の先輩の取り組みにも自由にアクセスして参考にできます。また、作品に対してコメントを書き込む機能もあります。３年生前期の課題ではPinBoard Reviewという、学生同士で作品をレビューする講評会を実施しており、友人の作品に対して積極的にコメントする風土が根付いてきました。

IAEサーバーを活用したPinBoard Review

　2020年の前期には、コロナ禍のため100％オンラインで設計教育を行ったのですが、一番の課題は友人同士で話す機会がないことでした。設計教育とは学生と教員の１対１ではなくて、その会話を横で聞く、つまり空間を共有することでの学びも重要です。そこでオンラインで何かできないかと模索し、IAEサーバーを用いたバーティカルレビューという展覧会を開催しました。会期中はいろいろな人がコメントできるようにして、OBの方々からのコメントも多数ありました。これは２年間開催したのですが、学外に出てさまざまな批評の場に飛び出して欲しいという想いがあり、2022年度はあえて開催していません。この建築学縁祭にも作品を応募して欲しいと呼びかけて、学生たちは積極的に参加してくれたようです。

今が設計教育の過渡期、現状を根底から覆すような教育へ

今村 雅樹
Masaki Imamura

日本大学 理工学部 建築学科 特任教授

1953年	長崎県生まれ
1979年	日本大学大学院理工学研究科博士前期課程修了
	伊藤喜三郎に師事後、今村雅樹アーキテクツ設立・主宰
2000年	日本大学理工学部 助教授
2005年	日本大学 教授
現在	日本大学 特任教授

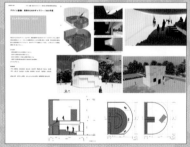

コンピューターデザインに取り組む「デザイン基礎II」（1年後期）

　本学科ではホリスティックな建築教育という目標を掲げています。総合大学として建築家だけを輩出するのではなく、エンジニアや公務員になる人もいるので、そういった全てを取り上げていくということです。また、大学院までを含めた6年制教育としています。国際化を考えてJABEEの思想でそういう教育の方針を立てており、国際建築家連合の指針に従うものです。設計教育の流れとしては、学部1年生はデザイン基礎と捉えて、2年生から本当の建築教育となります。現在、他の学校と同様にカリキュラム改革を進めており、4年生では意匠や構造、環境、都市、歴史と全ての教員、全ての学問を統合した設計教育に取り組もうとしています。また、3年生ではユニバーサルデザインを教えるなど、ランドスケープデザインの時代にも合わせた教育をしていきます。

　設計の教育体制として1年を前期と後期で分けています。学生は1学年200数十名いて、1組と2組の2つに分けて、それぞれの組で異なる教員が担当します。通常の設計教育と併せて、2〜4年生では夏季集中ワークショップなども取り入れて、設計に進みたい学生たちに対して特別な授業も行っています。大学院は修士1年生の前期にデザインI、後期にデザインIIという授業があり、デザインIは3〜4名の教員でスタジオを組み、学生が選択します。デザインIIは専任のプロフェッサーアーキテクトが担当し、研究室の枠を超えて選択できます。

　学部1年生は、後期のデザイン基礎IIでコンピューターデザインに取り組み、RhinocerosとGrasshopperを使った空間構築を早い段階から身に付けていきます。これは賛否両論ありましたが、コンピューターを取り入れることでその先の設計がどう変わるのか、模型をつくりながらの設計と、デジタルツールを使いながらの設計との違いも検証しています。1年生の作品でもコンピューターの力を借りて空間らしきものができてしまうので、空間そのものを考える力を養うという点では不安もあります。また、コンペなどを見ると、どの大学も同じようなフォーマットでの提案が非常に多く、サンプリングすることや、スケッチをコラージュして並べることが目的になり、満足している学生が多いことが気になっています。学生はツールや手法を覚えるとそこに陥って、それを使い続けていく傾向にあります。そこで大学院では、それを根底から覆すような教育に変えようとしており、今が設計教育の過渡期だと思っています。2年生は一生懸命模型をつくってツールも使って、形や建築らしきものはできるけれど、問題はその中身です。何ができたかが目的ではないので、そこを危惧しています。

　3年生前期まで設計が必修です。半期かけて一つの課題に取り組むカリキュラムに数年前から変えたのですが、僕は課題を増やした方が良いと思っています。また一つの試みとして、課題を3つのフェーズに分けて

います。第1課題がリサーチ、第2課題が計画と設計、第3課題がプレゼンテーションという設計の流れで取り組ませています。リサーチで何をするのかわからないという学生もいますが、作品を公開して皆が閲覧できるとそれをサンプリングしてしまいます。他の作品をサンプリングした作品ではないか、全教員でチェックしますが、「どの学生の作品がどの作品に似ている」と、情報が広く取得できる時代であり悩んでいるところです。以前は作品を紙の本でまとめていたのが、今はデジタル化して誰でも見ることができるので、新しい問題が出てきています。

　3年生後期からは、設計課題を選択するスタジオ制になります。素材をテーマにした建築や都市の問題からコンセプチュアルなものまで、教員によって切り口がさまざまで、学生たちは自分の興味のあるテーマに向かっていきます。また、3年生の夏期集中ワークショップは毎年趣向が変わっていて、2022年度は都市の課題でした。以前はインテリアや建築のビルディングタイプ、またコンペをやることもあり、担当になった教員が自由にテーマを設定しています。

　大学院については、1年生前期のデザインⅠでは、外部から招いた非常勤の教員に自由に指導してもらっています。組織設計事務所やアトリエなど多種多様な志向の方々を呼んで、全く志向が異なる建築で学生に揺さぶりをかけていきます。集団指導体制のため、講評会では専任の教員も出てきて評価し、修士設計はその延長線として考えています。デザインⅡは、専任の教員が自身の研究から興味があるテーマで課題をつくります。

　また、修士設計と修士論文のどちらで修了するかは研究室によって決まるので、設計を専門に教えている研究室に所属しないと修士設計はできないというシステムです。大学院では修士1年生の年度末に中間発表会があり、1年間で取り組んだことを発表します。2年生になると修士設計に取り組み、中間発表を2回ほどやって、その進捗度合いを教員全員がチェックしていきます。しかし、この集団指導体制も学生が平均化していくという短所が見えてきました。自分の研究室に閉じこもる論文の研究と違って、ホリスティックなデザイン教育を謳っているがために、設計では集団指導体制でいろいろな意見を出す。すると学生は、自分の研究室の教員からは褒められても、他の研究室の教員からはボロボロに酷評されて、そこで悩みます。学生からするとどの教員の意見が一番いいのか、拠り所を探すことになります。社会ではいろいろな意見が出るので、社会に出る前に自分でそれを選択するという勉強にはなっていると思いますが、それが良いのか悪いのかはまだ見えてきません。

　また、学部1年生から大学院まで学年の枠を超えて、年に一度Super Juryという講評会を実施しています。これは当初は画期的な取り組みでしたが、今は学外の審査会がたくさん増えてきたので、その差別化を見直さなければいけないところに来ていると思います。

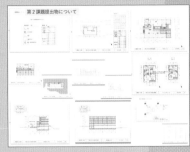

「建築設計Ⅲ」(3年前期)の第2課題

3年生の夏期集中ワークショップ

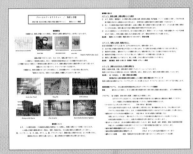

外部から招いた教員による「建築デザインⅠ」(修士1年前期)

第二部 パネルディスカッション

それぞれの大学・専門学校での設計課題の実際、

設計教育の現状から今後の課題まで、各教員が発表した第一部の内容を踏まえて、

第二部ではパネルディスカッションで意見を交わす。

設計教育を受けた学生たちの出口、新しいデジタルツールを用いた教育、

JABEE認証への取り組みなど、話題はさまざまに展開。

設計教育の最先端を切り拓く教員たちの議論から、これからの設計教育が見えてくる。

大学は社会を良くする、世界を良くするための一つの実験の場 ―― 今村

出口から見える教育の方向性

今村 各先生の発表を非常に興味深く聞かせていただきました。そのなかで2つ気になったことがあります。まず1つ目は、ものつくり大学と日本工学院八王子専門学校(以下、日本工学院)が実習を重んじながら教育をされていて、そうした実習教育や職業教育を中心とした設計教育を受けた学生たちの出口として、就職先はどの辺りを目指しているのかです。ものつくり大学は授業の7割が実習ですので、3割はレクチャーということですね。日本工学院は職業教育とおっしゃっていて、それぞれ特徴があると思います。学生たちの出口として、学校側が意図しているところと実際についてお聞かせください。

今井 設計系ではアトリエ系設計事務所に入る学生は数名いるかどうかで、ハウスメーカーや工務店の設計職などが比較的多く、割と即戦力として採用していただいています。即戦力と言っても現場で施工ができるという意味ではありませんが、いろいろな実習を通して、たとえば木造では材料についてかなり細かく大学で教えています。そのため木造住宅に関しては、卒業した時点である程度の力は身に付いていると思いますので、工務店の設計職などはすんなりと入っていけるはずです。

今村　大学院に進んだ学生たちはどの辺りを目指していますか？

今井　学部卒でアトリエ系を狙っていたけれど行けなかった学生が、大学院に進んで2年間、コミュニティやネットワークをつくってまたアトリエ系を目指すケースがあります。実際は、設計をやりたくて大学院に進む学生は限られていて、構造系の研究職としてゼネコンに就職する学生が多いです。大学院生の7割くらいは後者だと思います。

今村　では日本工学院はいかがですか？

小林　就職に関しては、4年制の学科に限って言えば現場監督になる学生が多いです。専門学校は大学のような研究室がないので、基本的に全学生が同じ授業を4年間受けます。そのなかで、BIMなり施工なりインテリアなり、自分の興味のある授業を週1回だけ受けます。そのため、設計に進みたい、現場監督になりたいといってもそれぞれに合ったカリキュラムがあるわけではありません。1級建築士、2級建築士の資格要件に見合う科目を受けて、より特化したい分野は週1回の授業で突き詰めていく形になります。実際の内訳では現場監督がかなり多くて、ハウスメーカーの設計部門に入る学生も多く、アトリエ系に入る学生は年に5名いるかいないかだと思います。本校はBIMに力を入れ

ているので、BIMのコンサルやBIM部門に就職する学生がここ5〜6年で増えていて、そういう企業からの求人自体も増えてきています。大学院に進む学生は毎年1名いるかいないかです。

今村　大学院に進む学生もいるのですか？

小林　はい。建築学科の4年制では、建築を学ぶのと同時に放送大学の通信課程を履修して学士を取り、大学院に進学する学生がいます。2年制では大学に学部3年次から編入する学生も毎年数名います。

今村　下吹越先生のところにもいらっしゃるようですね？

下吹越　僕の研究室に1名進学しています。優秀な学生です。

今村　日本工学院はバイオクライマティックデザインなど、新しいツールを使いながら教育されています。そういう教育を受けた学生が大学院に進むのですか？

小林　結果的にそうなっています。組織設計事務所の設計職でデジタル部門に配属された卒業生はやはりそういう分野がとても得意でした。大学院に進んだ学生もデジタルに特化した課題で優秀作品に選ばれていたので、高いスキルを身に付けていると思います。

今村　そうするとデジタルデザイン・ツールを修得した学生は上向き思考ということですね。ものつくり大学ではど

どれだけ引っ張って
アトリエ系に入ってもらうかも課題

——今井

のようにデジタル教育に取り組んでいますか？

今井 2年生の1クォーターからCADの授業が始まります。2年生の半ばまでは図面自体は手描きをベースとして、それ以降はCADでも手描きでも得意な方でいいとしています。CADの他にはAdobe系の授業が少しあるくらいで、ArchiCADなどは各自で学ぶ形になります。

今村 その辺りは学校の姿勢が少し見えているような気がしますが、ものつくり大学としての確固たる信念のもとにやられているのでしょうか？ それとももう少しデジタル教育に力を入れたいですか？

今井 建築デザインとしてBIMなどを使うのも一つの手法だと思いますが、設計の授業では必ず模型をつくり、手でつくることと原寸を重要視しています。デジタルを推していくというのは今のところないと思います。

今村 「カップ・マルタンの休暇小屋」の話を聞くとホッとするというか、アトリエ志向の学生が出てくるのも当然かなと思います。逆に日本工学院みたいにBIMなどデジタルツールを教え込んでいくと、組織設計事務所などで求められる人材がたくさん出てくると思います。出口に向かうところで教育の方向性が見えてくる気がしましたが、それは教員からすると、学校の方針が教育に現れているというこ

とだと思いますか？

今井 そうだと思います。大学としては就職率などさまざまな数字を求めます。アトリエ系は3月まで就職が決まらないこともあって、なかなか安定した就職先になり得ないところがあり、その前に手堅い就職先に決まってしまう学生はいますよね。それをどれだけ引っ張ってアトリエ系に入ってもらうか、我慢させるというと語弊がありますが、その辺りも課題だと思っています。

小林 学校は就職率などを考えていますが、本校の建築系の教員は計画系の方が多いので、「建築をやるならアトリエに行こう」という流れがあるのですが、それは教員側のエゴかなと思う部分もあります。「しっかりと食えて建築をやっていける職業」と考えるのであれば、現場監督なりハウスメーカーの設計部門なりがあります。うちの学生の出口としてはそこも十分に考えてあげたいです。

今村 日本工学院は同じ学校法人として東京工科大学がありますが、そちらで建築系を吸収して建築学科をつくろうという動きはないのですか？

小林 以前はあったようです。また一時期は専門職大学を新設するという話もありましたが、大学では歴史のある学校がたくさんあるので、それよりは専門学校としてナン

バーワンを目指す方を選んだのだと思います。

JABEEをきっかけとして

今村 では2つ目の気になったことを、法政大学と日本大学生産工学部(以下、日大生産)の先生方にお聞きします。JABEEの話が出ましたが、20年前に私が取り組んだ時は大変でした。日大生産はJABEEのためにカリキュラム構成を変えて、法政大学は下吹越先生が苦労されて認定を受けたということです。では6年間の教育で建築家を育てていくJABEEが本当に上手くいくのか、大学としては時代の流れからそこに乗っていかなければならないという側面もあります。その辺りについてお考えを聞かせてください。

下吹越 今村先生が取り組まれた時と、我々が取り組んだ時はタイムラグがありまして、今のJABEEの制度は実はそれほど大変ではありません。大学評価協会の自己点検が必須で行われていると思いますが、やることはほぼ変わらないので、そういう意味ではルーティンとして捉えるとあまり負荷は掛かりません。個人的には渡辺真理先生に「こういうことは一番嫌いな人が担当した方がいい」と言われていやいや始めたのですが(笑)、法政大学に着任していきなり認定を視野に入れた設計教育の整備を任されて、最終的に法

政大学の「アーキテクトマインド」をまとめることができたのが、とても良い経験だったと思っています。大江宏先生が残されたアーキテクトマインドとは何か、口伝のように伝わっているけれども誰もよくわからない。法政大学に限らず、大学にはそういった深い歴史の蓄積があると思います。その歴史を掘り下げていくと、大学の持っている個性やDNAのようなものが見えてきて、それは大きな財産だと思います。

IAEサーバーで成果を蓄積していくのも、発端はJABEEのために必要な作業でしたが、せっかく集めたものは上手く生かそうと、いろいろなプログラムを開発することもできました。それに合わせて教育も少しずつ変わっていって、個人的には良い方向へ進むことができたと思っています。もちろん、コンピューターに不慣れな大御所の先生方から授業の記録を集めるのは非常に苦労しました。でも僕より少し上の世代くらいからコンピューターで課題をつくり、採点もデータで残しているわけですから、そういうものは単に集めるだけなので全然大変ではなかったです。JABEEは押し付けられると面倒だなと思いますが、捉え方次第で上手く教育に生かせると思っています。

今村 まさにJABEEの申し子ですね。

下吹越 一番の議論ポイントは「なぜJABEEの認証を取得

大学の歴史を掘り下げて見えてきた個性やDNAは大きな財産 —— 下吹越

するのか」ということでしたが、建築教育を国際的に相互認証できる手段がそれしかないのです。UNESCO-UIA建築教育憲章では「建築の専門教育5年以上」が求められますから、4年制大学の日本の建築教育システムは、海外では一切認められないということになっています。日本の建築教育を国際的に認めてもらうには何らかの手続きが必要ですが、文科省も国交省も主体的に取り組んでいません。各大学の社会的な責任として取り組まざるを得ないという認識から、「誰もやらないからやる」という側面があります。

　ヨーロッパで著名な建築家のアトリエに行くと、必ず日本人のスタッフがいて活躍されています。当時、そういう方々に話を聞くと、皆40歳になる前に帰国すると言います。なぜ帰国するのかというと、ヨーロッパではそれ以上キャリアが積み重ねられないのです。まず高卒という扱いになり、ヨーロッパで建築教育を受けた人たちと等しくみなされないそうです。とても優れた人たちが切磋琢磨してヨーロッパで働いても、その上に行けないという壁があることに違和感を持っていたこともJABEEに取り組んだきっかけでした。

今村　岩田先生も大学から呼ばれたプロフェッサーアーキテクトですがいかがですか？　日大生産はコース制をなくしてカリキュラムを変えるわけですが、今まではコース制だったから建築家教育に特化できたと思います。コース制で培ったものを今後どうしようと考えていますか？

岩田　日本大学の場合は、学内に建築を勉強できる学部が4つもあって、その中でどう差別化するかが非常に重要な問題になってきました。その中で生産工学部が差別化として、全学科でJABEEの認証を受けると最初に立ち上げたのです。正直に言うと当初は建築の教員は皆否定的で、ずっとのらりくらりとかわしていたのですがそうは言っていられなくなり、認証に向けて本格的に動くとなった時に「やらなければいけないからやる」のではなく、やるのであればもっとポジティブにプラスに捉えようということになりました。

今村　下吹越タイプですね。

岩田　そうですね。やると決まってからはどの教員も前向きになりました。下吹越先生からも説明があったように、今村先生がトライした時よりも今はだいぶハードルが低く

JABEEのためではなく、新しい教育の仕組みを考えた──岩田

なっていて、アウトカムズ評価なのでかなり楽です。ただ、「JABEEが求めることをやればいい」というスタンスではなくて、これをきっかけに今自分たちができることは何かを、教員のなかで長い時間を掛けて議論しました。JABEEの審査で「これはやらなくてもいい」と指摘されるようなことも取り入れたのですが、決してJABEEのためにやるのではなくて、新しい教育の仕組みを考えようといろいろなトライをしています。まだ一部の教員にはなかなか定着していないものもあるのですが、準備段階から含めてもう4〜5年経つので、システムを変えてきた成果が学生たちの成長に現れてきているのを個人的には感じています。そういう意味では下吹越先生と意見が一緒で、JABEEはいいことばかりとは言えないけれど、いいことがたくさんあると思います。

親切になり過ぎた設計教育

今村 お話を聞いていると学校は学生に対してとても親切になっています。ですから学生に対してケアが行き届き

過ぎていて、設計やリサーチの手法がマニュアル化しているという話でも、学生たちは同じようなフォーマットになっていないと安心せず、そのフォーマットづくりのために設計教育をしているようなところがあります。デザインの形やフォルムといったものはそれぞれが好きなことをやっているけれど、根本的なところは大学側が親切にやり過ぎる。一方で教員たちは、「君のオリジナリティーはどこにある?」と言ってついついそこを求めてしまうのですが、その辺りをどうお考えですか?

下吹越 親切になり過ぎているという指摘は同感ですし、デザインに取り組む学生を育てるという観点からすると真逆のベクトルが掛かってしまうと思います。ですので、私たちは常に課題設定と成果について教員間で議論して、あまりバイアスを掛けないようにしています。それから、できるだけ学生の多様な個性が生かされる方向に持っていこうとしています。コロナ禍でオンラインになった時には授業をZoomに切り替えて、学生たちにはエスキスのために、必ず自分の1週間の作業をPowerPointにまとめて説明させました。すると説明が非常に上手になるし、論点も明確に

不安がないところから学習をスタートできるようサポートが重要 —— 小林

なり、当初は「オンラインでも意外と大丈夫だね」という感じで、違和感がありつつも悪いところだけではないと思っていました。

ところが、3年生のスタジオで2つ目の課題が終わった後に、希望する学生に、模型を大学に持って来たらコメントすることにしたのですが、オンラインでは全く気づかなかった学生の意向や発展可能性があったことに気づき、オンラインは設計教育に向いていないことを思い知らされました。建築を学び始めた初学者が説明できることはたかが知れています。そうではなくて、手描きの拙い図面や未完成の模型を見て、彼らが説明できないところに私たちが気づきを与えて、「こっちの方が面白い」と示してあげることが設計教育だと思います。オンラインではどうしてもまず説明することが求められますし、模型の裏側やこだわりなんて絶対に伝わらなくて、対面で空間を共有して教育をすることが非常に重要だと改めて気づかされました。秋からは少人数に分けて、ローテーションしながら必ずFace to Faceでやるように切り替えたのですが、今村先生のご指摘はやはり教える側の問題だと思います。社会からは落ちこぼれをなくして全員を底上げすることが求められていますし、それに抗うのはなかなか難しいけれど、デザイン教育の場においてはそうでなくて、一人ひとりの個性や気づきから何か面白さを拾い上げていくことができるはずです。

今村 今の話で非常に重要なところは、デジタル教育の良さもありながら、やはり対面でやること、空間を共有することの良さがあることです。たとえばものつくり大学は後者を重要視していると思いますが、いかがですか?

今井 コロナが流行り始めてから半年経った夏以降、対面での授業を再開していますが、設計の授業は1クラス60名ほどの学生がいて、常勤の教員が1名と非常勤の方が3名の4人体制です。そうすると教員1名で学生15名を見る、とても丁寧な指導をすることになり、そのなかで学生たちのいいところや個性を見つけて広げていこうとやっています。対面だと確かにそれができるのですが、オンラインだとなかなか難しいです。オンラインのいい面は、学生がコメントや質問をしやすい環境という点で、対面よりも質問が増えたケースも見られました。どちらにも良いところがあると思っています。

今村 日本工学院はいかがですか? デジタルに力を入れて教えていると思います。

小林 デジタルは学生の理解度を高めるという意味で使っていて、学生自身で使って覚えるという観点です。学校が親切過ぎるという点に関しては、大学と専門学校の違いはありますが、まだ全く学んでいないうちに建築を嫌いになってしまうのをまずは避けたい。全員が建築家になるわけではないというスタンスでやっていますが、建設業界を下支えするような人間を基本的には輩出したいので、親切というよりは不安を少しでも取り除いて、不安がないところから学びをスタートできるよう、特に1・2年生へのサポート支援は重要だと考えています。

多様に広がる教育のあり方

今村 私は以前、日大生産の居住空間デザインコースに呼ばれて講評会に参加したことがあります。その時に宮脇檀先生が学生たちにワインの開け方などを教えていました。皆で一緒に料理をつくるといったような住空間を大事にしていたのです。しかしだんだん統合化されていくと、そういったことがやりにくくなるのではないかと思います。

岩田 コース制でなく全体で一つの学科になると個性がなくなるという話ですが、僕はそうは思っていなくて、むしろ「全体で教える方が効率のいいもの」は全体で教えるべきです。今考えているのは、これまで漠然と「4年間でこういうことを教えよう」とやっていたことではなく、全体で教えるべきことと多様性を持たせる部分をもっと明確にして、教員たちがしっかりと自覚してプログラムを組むことです。そのため、建築士試験の指定科目は新しいカリキュラムでは基本的に全て2年生までに必修で終わらせます。逆に3年生は指定科目を全て外すことで、より個性のある課題をつくって、そのなかに今までコース制で分かれていた部分を積極的に取り入れていく。コース制はある意味、パッケージされた定食みたいなもので、自分の好きなおかずをチョイスして自分だけのセットをつくる、一人ひとりの個性に対応するようなプログラムは、むしろ全体で一つの学科になった方ができると考えています。そのためには、これも親切過ぎると言われるのかもしれませんが、1・2年生にキャリアデザインとキャリアデザイン演習という必修科目があるので、建築を学んでいく課程でどこに向かい何が求められるかをそこで指導して、3年生以降の自由度の高い選択科目に上手く導いてあげます。今まさにどういう仕組みに

するか、教員一同で考えている最中です。

今村 最後に下吹越先生にお聞きしたいのですが、建築学科を卒業していない方を受け入れる3年コースが法政大学の大学院にあります。日大生産は学部2年生までに1級建築士の受験資格要件を終わらせるということですが、法政大学の大学院3年コースは1年間で終わらせるとありました。

下吹越 少し補足と訂正をしますが、建築分野以外の方が大学院の科目を履修するためには最低限の建築的素養が必要なので、1年目は学部の授業を受けてもらい、2年目以降に大学院科目を履修するコース制度になっています。建築士資格の受験要件となる指定科目を満たすようにカリキュラムを構成しており、3年コースの場合は大学院科目を指定科目にしているので、1年間で履修する学部の科目と合わせて3年間で受験資格を得ることができます。実際に3年コースに在籍している学生の多くは留学生です。建築学科を卒業している留学生が中心ですが、日本で就職するために資格を得たいと3年コースを選ぶ方が多いです。実は

我々がそれを勧めているところもあります。法政大学は残念ながら全ての授業が日本語で行われているので、大学院の授業をきちんと理解できる留学生はほとんどいません。そのため語学研修みたいな感じで1年間、学部で学び、大学院できちんと議論できるようにします。そういう意味で2つのメリットがあって留学生が3年コースを選択しているケースは多いです。

今村 ありがとうございました。多種多様な教育のあり方があり、ゆとり教育の時代や詰め込み型もありましたけれど、社会全体が変わろうとしているので、あまり使いたくない言葉ですが多様性のもと、大学は社会を良くする、世界を良くするための一つの実験の場だと思います。ただし、学生たちは自分たちを実験材料とは思わないでください。これからいろいろな大学がいろいろなことを試みると思いますが、あまり均一化しないで、それぞれの個性を教員たちが見つけ出さなければいけません。今日は「これまでとこれからの設計教育について」と題し、5名の教員で話をさせていただきました。ありがとうございました。

首都圏大学・専門学校 設計課題シンポジウム

（座談会）

学生たちに伝えたい「これからの設計教育」

建築学縁祭2022の会期を終えて、
10月26日（水）、シンポジウムに登壇した教員たちが再び集い、座談会が開かれた。
「実学」と「理論」、またJABEEといったシンポジウムでも取り上げられたキーワードから議論を深め、
設計教育の抱える課題と今後について掘り下げていく。
シンポジウムでは語りきれなかった、これからの設計教育について学生たちに伝えたい想いを、
5名の教員に吐露していただいた。

建築教育における「実学」と「理論」

今村 ここでは設計教育において学生たちに伝えたいことや、大学のカリキュラムを通して教えたいことなど、お聞きしたいと思います。シンポジウムでは、総合大学的な学校と職業訓練的な学校の話が出ました。どちらも重要ですが、皆さんのリアルなご意見をお聞かせください。まずは下吹越先生からお願いします。

下吹越 実務者教育の「実学」と、建築という学術領域に関わる「理論」のバランスをどう取るか、各大学の方針がはっきりと打ち出されていて非常に面白かったです。実学と理論のどちらが先というのはないはずで、たとえば実学に関心

を持った後で理論の補強が必要になる場合もありますし、その逆もあります。そこは学生と接しながら、どのようなバランスで教えればいいのかいつも考えています。個人的には、学生が関心を持っていることをまずは最大限伸ばして、その足元を固めていくアドバイスをしています。

最近法政大学は大学院の設計教育を点検していて、設計系教員間で議論しながらスタジオ教育の内容を刷新しているところです。大学院スタジオではリサーチとデザインをセットにした課題に取り組みますが、近年はリサーチの方法が定型化し、フォーマット化しているような感じがします。「まずはこれを押さえなさい」という、リサーチの必須項目を学生はルーティンのようにこなして、それなりの成

果は得られるのですが、それ以上のものが出てこない。それよりもむしろ、新しいチャレンジをして、過去の事例が全く役に立たないような領域に飛び込んで自分で考える力を養うことに、大学院では力を入れるべきだと思い、課題もかなり見直しています。

また、研究室ではセルフビルドのプロジェクトに取り組んでいます。既存の知識では全く対応できない新しいデザインにチャレンジすることで、学生たちは否が応でも自分

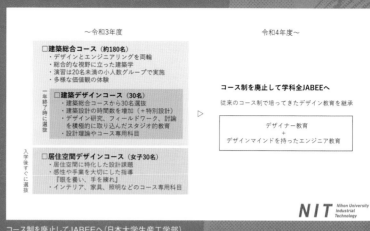

コース制を廃止してJABEEへ（日本大学生産工学部）

で考えなければいけない状況を用意する。材料も既製品を使わず、木を刻みながら自分たちでつくる。今、実務でも設計業務の定型化が進んでいて、外れたことをしにくくなってきています。メーカーが用意した製品を組み合わせてつくるしかないという状況で、それを上手くこなしていく能力は当然必要ですが、一方でそこから少しはみ出して、新しいことに取り組む勇気を持てる、社会の慣習を飛び越えてチャレンジすることを面白がるような人材を育てなければいけないと、かなり危機感を持っています。まずは大学院の教育を少しシフトして、その流れが学部にも波及して欲しいという意識で取り組んでいる状況です。

今村 修士設計でも同様に、問題意識の発掘の仕方が形骸化して、フォーマットが出来上がっています。だからテーマも、災害が起きれば災害の話ばかりになる。目の前に問題はたくさんあるので、オリジナリティーのある問題意識の発掘の仕方で取り組んでもらえると良いのでしょうね。それでは続いて岩田先生お願いします。

岩田 従来はデザイナーを育てるのが設計教育の一番の目的でしたが、実際に設計職に就く学生は実は2割強ほどです。でも設計は建築教育の柱なので、ほとんどの学生が目指さない技術を教える科目が柱でいいのかと、日大では議論しています。設計の得意な学生に設計職を目指して欲しくても、「設計を十分やって楽しい思い出ができました」と違う道に進む。そういう学生に、デザイナーになるよう背中を押すよりも、設計の教育を受けたことが後に役に立ったと言ってもらえるプログラムをつくろうということです。

入学時にJABEEの教育到達目標を学生に説明すると、「新しい変わった建築を設計できないと駄目ですか？」と学生は言うのですが、そうではなくて、設計というプログラムは条件と問題を整理して、自分たちの方法で解釈して、最

終的なアウトプットとしてビジュアル化できる能力を養うものです。評価基準はたくさんありますが、意匠設計の教員が多いため、それ以外の価値もきちんと評価してもらうようにしています。そうするとJABEEを始めてから、「自分にメリットのある知識とスキルが身に付く」と、目的意識を持って設計に取り組む学生が増えたのです。

今は大学院でもデザイン系のJABEEを取ろうと動いています。うちはデザイン教育が中心の学校ではありませんが、その中から特化してデザインの道に進む学生をどう出すかは課題でもあり、デザインの定義を少し広げた教育を目指しています。

今村 時代とともに建築家の定義も、デザインの定義も大きく変わってきて、その辺の教え方が今後の課題になるかもしれません。

岩田 JABEEでは、一つひとつの科目の到達目標を学生に周知しなければいけないので、教員も自分たちが教わってきた時代の価値観をもう一度きちんと考え直そうということです。設計課題も、構造や設備などいろいろな分野の教員が一緒に考えるようになり、目指す方向性が大きく変わってきているのを実感しています。

今村 日本工学院専門学校では、実学と理論の問題についてどのように考えていますか？

小林 他の学校の調査や海外視察をするなかで、建築学と設計の実務が結び付いていないと感じ、専門学校では今、教育を変えようとしています。資格を取るのが専門学校と思われるかもしれませんが、必ずしも建築家を育てたいわけではなく、実際には施工職など設計職以外に就く学生が多いです。その際に、設計は学び方を学ぶ学問で、統合的な科目であることをどうすれば教えられるか。「設計がエースで4番」という学校の雰囲気自体を変えたいと思い、設計で

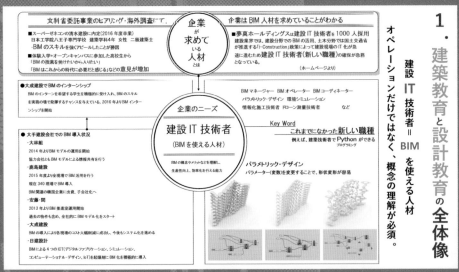

建設IT技術者＝BIMを使える人材（日本工学院専門学校）

1. 建築教育と設計教育の全体像

オペレーションだけではなく、概念の理解が必須。

建設IT技術者＝BIMを使える人材

はなく技術が軸になるカリキュラムを模索して、BIMなどデジタルな技術からさまざまな分野に派生して、関連付けがわかるようカリキュラムを変えているところです。

また、「設計職に就かない」と初めから考えている学生が多いなかで、カリキュラム上、設計をやらなければならないため、設計がきちんとものづくりに結び付くよう、学生たちがいろいろなものに関心を持てるカリキュラムづくりを進めています。ただ、それが非常に複雑で難しくて、設計職の教員だけで課題を考えると見落としている部分が出てきます。そこで構造や施工の先生にも入ってもらって、五大原則といった話をどう設計教育に取り入れられるのかなど考えています。

今村 設計は学ぶけれど建築以外の分野に進むという学生は増えていますか？

小林 少しずつ増えてきていますが、一方で、建築を学んでゲームやCGなど別の道に進んで欲しいという思いもあります。逆に別の分野から建築に来る学生も増えていて、多様性の時代なのでいろいろな道に進める教育を目指したいです。

今村 私の研究室でもCGの分野へ進んだ学生や、靴のデザイナーになった留学生がいますが、建築を学んだことがベースにあって、そこから少しずつ領域が広がっていくのだと思います。では続きまして、今井先生お願いします。

今井 ものつくり大学では「理論」と「実

践」を身に付けた「テクノロジスト」を育てています。テクノロジストとはピーター・ドラッカーさんが名付けた「知識の裏付けのもとに技能を習得し続ける者」として、さらにマネジメント力を身に付けた存在です。ここにどうデザインを当てはめていくかが、設計系の教員として私たちがやることだと思っています。たとえば、設計の上手い人というのは、スケール感をきちんと持っている人だと思いますが、それを身に付けるには、いろいろな空間を体験し、さまざまな材料に触らなければいけない。細さや長さといった材料のバランスは、実際に材料を使って触って身に付けるものです。設計の授業で実測もやりますが、メジャーなどは使わず身体尺で測って図面を描かせて、最後に実際の図面と照

建設学科の特徴（ものつくり大学）

合してどのくらい精度が高い図面を描けたかということもやっています。

私は着任する前は25年以上、発展途上国や難民キャンプなどで活動してきました。すると、そうしたところで建物の耐震に携わるのはシビルエンジニアなのです。ではアーキテクトは何をしているのか、海外の大学を見てみると、アーキテクトは、デザインは学ぶけれど構造についてはほとんど知らない。その構造の部分をシビルエンジニアが、デザインとは全く関係なくやるわけです。日本で建築を学ぶ素晴らしさは、建築のなかにデザインも構造も入っていることだと思います。プレゼンが上手くて、セルフビルド的なこともできるのが日本の強みだと思います。ものつくり大学は建築学科ではなく、建築と土木の両方を合わせた「建設学科」ですが、海外で活躍できる人材もカリキュラムを上手く組むことで、育てていきたいと考えています。

拡大していく建築の領域

今村　土木と建築を分けてしまうと、どうしても建築がデザイン寄りで、土木はインフラをつくるものとなりますが、実はそうではありません。そこが分かれないように、今後もう少し領域が拡大していくはずです。また先日、大学院の授業である教員がマテリアルをテーマに課題を出しました。すると、学部では材料をあまり意識せず、フォーマットに乗ってつくってきたところがあるので、学生は急に戸惑っ

てしまう。鉄と言っても、厚さや錆などリアルにイメージできないのです。だから総合大学でも、授業の中で材料の話を取り入れる必要が出てくる。意匠系ではそこが少し手薄になっていると思います。

岩田　日本大学生産工学部では、1級建築士試験に対応した科目は2年生までに必修として、3年生以降は設計課題を積極的にやろうとしています。設計課題ではあるけれど、たとえば矩計図やファサードだけをひたすら描くなど、何かに特化させて課題をつくろうとしているのですが、それも結局は、どういう分野に人材を輩出したいのか出口を見て選びます。デザイナー以外でも設計で身に付けた能力を生かせる分野はたくさんあって、逆にそういう分野に進む学生たちにどういう課題を出せばいいのか、職業を先に考えてつくっていきます。

また、3年生以降は選択科目になりますが、学生はどう選べばいいのかわからないので、1・2年生で「キャリアデザイン演習」という授業をやります。職業を紹介したり、ワークショップをしたりといったなかで、卒業後の職業と今の自分の状況を結び付けていく。そして、3年生以降の選択科目をどう選ぶか考えさせます。「設計教育＝デザインの教育」ではないところが他学部との差別化になっていて、学生の選択肢として見やすくなると考えています。

今村　衛生設備機器やオフィス家具などのメーカーから「学生を設計職で採用したい」という話が来るのですが、設計に進んだ学生はそういうところに気が向かないのでもっ

たいないと思います。

岩田 その面白さを学生に伝えなければいけません。今の学生たちは情報を与えないと考えられないので、学生のイメージの枠を超えた外にも活躍できる職業があることを見せてあげないと、なかなかそちらに向いて行かない。建築学科ではありますが、建設業には6割ぐらい進めば良くて、残りの4割は違う分野にむしろ進んで欲しい。あくまで建築の教育を生かせる場所ということですが、職の枠を広げたいと考えています。

小林 別の分野に進むことは全く構わないのですが、一方で今、業界自体は人手不足です。社会の流れからすれば、教育機関は学生に建築家になって欲しいという思いがあります。しかし建築家のあり方は、僕が学生だった20年前と今は大きく違うはずです。「建築家はこういう仕事なのでこういうことを学んで欲しい」ということと、「こういう卒業生を出したい」というのがリンクしていないと、実社会と教育機関が離れてしまう気がします。今は設計職以外に進む学生が増えているので、それに対してどうしたらいいのか。専門学校には大学のような研究室はないので、全ての学生に一律に同じ教育をしなければなりません。そのなかで、誰もが満遍なくモチベーションを保てるようなカリキュラムをつくらなければいけないのは、大学と専門学校の大きなギャップです。

今村 岩田先生がおっしゃるように、教育のあり方が変わらないと、学生の興味がプロダクトデザイナーなどには向かいませんし、僕ら自身が建築をまだ狭い範囲のなかで考えて教えているところもあります。だから僕らも少し開いていかないと、従前の建築家を育てることに終始してしまい、この先が難しくなります。僕の研究室の卒業生で、組織設計事務所の最先端のチームに勤めている人がいます。そこでは、クライアントからの依頼が建築でなくても良いと聞きました。組織設計事務所だけれど、建築をつくらなくて

もいいということです。

岩田 そうした話は僕もいくつか聞いています。建築の設計職は会社のコアだけれど、3割ぐらいはそこから派生する仕事に将来的にシフトしていって、社会の変化とともに会社自体も変わらないと成長できない。実は建築を勉強した人はとても柔軟で、新しいビジネスにどんどん対応できる。ただ一方で、建築の設計ではない仕事を勧めると、「そういうつもりで入ったわけではない」と、モチベーションが下がってしまう問題もあると聞きました。建設業を軸にさまざまな方向へ広がっていくのが本来あるべき姿だと思います。そういう意味で、ベースとなる建築の設計のスキルは、「じゃあ教えなくていい」とはならないはずです。むしろ設計職に進む学生以外にも設計を教えるべきという話になり、必修が終わると設計をやらない学生や、「構造だから実験しかやらない」という大学院生にも、設計を必修にしようとしています。本当の意味で設計教育が6年間通して学ぶべき柱になって欲しいと考えています。

今村 下吹越先生は今のお話を聞いていかがですか?

下吹越 他の理系学科の先生の話を聞くと、「デザイン教育が全然上手くいかない、評価軸をどうしたらいいのかわからない」と言い、100人いたら100の評価軸があることを許容する教育環境をどうつくるのか具体的にイメージできないようです。そのような話を耳にすると我々は伝統的に培われてきた設計教育のなかで、デザインとは何か、デザインを皆で共有するとはどういうことかを自然と身に付けているのだと思います。設計教育はデザインスキルを育てるメソッドとしてはとても有効で、多岐にわたる諸条件を考えながらいろいろな人が横やりを入れるなかで、自分自身で決断して一つの形にまとめるというトレーニングとして捉えると、その経験は他分野でも十分に生かせるのではないでしょうか。

キャリア教育の話題に戻ると、我々の大学ではほとんどそれが議論されることはありません。主体的・能動的に物事を組み立てられる人になれば、放っておいても世のなかに出れば何とかなるだろうという、非常に大雑把なスタンスで、皆さんのようにあまり丁寧に考えていないなと反省しました。また、建築の教育を受けた人間が建築に関わらないことに残念な気持ちもありますが、それほど違和感もありません。多方面で活躍できる人材を育てていくのも、今の時代に重要な責務だと思います。

一方で、「実空間の持つ豊かさをどうつくるのか」など、建築学科でしか教えられないことがあります。設計の講評会では美学的な観点が議論になることはほとんどなくて、

「人間の豊かさ」や「どのように社会と接続可能か」といった建築の本来的な役割や批評性についての議論が中心ですが、最後に票を入れる時は「かっこいいこれだよね」という、二重の評価軸が暗黙の了解で共有されています。それはすごく重要なことだと思っていて、言葉にはできないけれども、我々が守るべき建築文化の根っこみたいなものが継承されているところが今の日本の建築学科のとてもいいところだと思っています。建築が扱う領域がどんどん拡大していくなかで、「あの空間いいよね」といった皆で共有できる感覚を基本として足元に置いて、常にそこに立ち戻って教育を考えたいと思いました。

大学院での講評会の様子（日本大学理工学部）

今村 美学的なものや哲学的なものだけでなく、物質主義的なテクノロジストみたいなものもやはり原点なので、きっちり教えないといけない。一方で、その周辺を広げていかなければいけないというジレンマもあります。

大学院での設計教育

今村 先ほど岩田先生から、大学院で構造や設備などに進んだ学生にも設計を必修にするという話がありました。

岩田 本当にできるのか学内で議論しています。たとえば材料の専門家が建材を選択することや、どのような実験器具で検証するかということも含めて、大きく見れば全て建築をつくるプロセスの一部です。そこには建築的な思考が必要で、従来のやり方では「デザインではない」と言われてしまうけれど、それをデザインと呼べるものに拡張することを企んでいます。

今村 テクノロジストの話は非常に面白かったのですが、ものつくり大学は大学院でどういうことを教えていますか？

今井 大学院では実習はほぼゼロで理論をやります。約20名の教員が各自の専門性を持った授業を週に1、2コマ持っていて、学生は一通り受講しています。私の授業は「Design for the other 90%」という、ニーズのあるものに対してデザインで解決策を生み出すという内容です。まず社会を見て問題点を探しますが、例としてよく用いるのが、水汲みのために学校に行けないアフリカの子どもたちにつくった、穴を開けて転がせるようにしたドラム缶です。

また、途上国ではオートバイに4〜5人で乗る姿をよく目にします。そういう実態を見ると、5人乗りのバイクにもニーズがあるはずです。だからそこに対してデザインする、そういったところに目を向けようという授業をやっています。

今村 建築というフィールドにはこだわらずに、デザインできるものは何でもデザインするということですね。以前、イタリアの建築家チームが砂漠で、夜の間に水をポタポタと溜めるタワーをデザインしました。それがとても綺麗で、機能的にも素晴らしい。こういう話はフォーマット重視型で形骸化している日本の学生からすると、そこにデザインの問題意識を転化するきっかけがなかなか掴めないと思いました。

下吹越 当時その案を見ましたがとても綺麗なデザインで、砂漠の中に美しいタワーがポンと置かれていて皆がハッとする。デザインの力で人を振り向かせ、そこから背景にある仕組みや思想、社会問題にまで思いを及ぼすことができるのは、デザインのすごいところです。

今井 課題を出す時に学生にわかりやすく説明するのが、「テレビを大きくしたい」といった"wants"ではなく、きちんと"needs"を見付けようということです。それに対してデザインで解決策を出すと、それは必然的な形になってくるかもしれない。そこには美しさがなければいけなくて、無駄なものは省いて、形のデザインを提案すると用の美という綺麗な形になると思います。

今村 大学院の修士設計では、最初に問題意識を持って、いろいろな課題を自分で解いて、最後にデザインにオリジ

ナリティーを求めるのですが、この時代にそれを見付けるのはかなり難しい。先輩たちや他の大学の論文・設計など、調べていけばいくほどオリジナリティーから離れていってしまい、学生はとても苦労しています。法政大学では大学院の授業はスタジオ制で、修士設計をやりますよね？

下吹越　修士論文と修士設計を選択できるコース制になっていて、論文の学生はデザインスタジオが選択になり、設計の人は必修です。デザイン系の学生はデザインスタジオをやって、最後に修士設計に取り組む、デザイン教育のオーソドックスな形です。

今村　修士設計の評価は、私のところでは集団指導体制を取っています。本来はその研究室の先生が良いと評価すれば、修士設計も良いというのがいいのかもしれませんが、集団指導体制ではどうしても全方位的になってきます。中間発表などでいろいろな先生がいろいろなアドバイスをくれる。そうすると、「あの先生はこういう視点で、都市計画の先生はこう…」と全方位的になり、優等生タイプの学生が出来上がっていく。そのことに、我々のなかでも疑問が出てきています。

下吹越　我々も集団指導体制です。客員教員を1名招いて、その人と指導教員の2名で修士設計を指導していますが、発表の機会は何度もあり、副査も指導しているので、結局ほとんどの教員が全ての学生を見ているような状態です。日大と似たような状況で各教員があれこれ意見を言うので、学生はリサーチから抜け出せない。案を提出すると「違う」と言われてリサーチに戻る、その繰り返しになります。幸い例年、2～3名は非常に個性的な学生がいて、発表ではその

人たちの提案が議論の中心になるので、全方位的なものは結局興味を持ってもらえないことを学生たちは理解しています。

僕は学生に対して、「デザインは物事を決めることで、決めても次に新たな課題が出てくるのでまた何か決めなければいけなくて、その決定する意思の連鎖が作品の個性をつくり出すのだから、悩んでもとにかく考えて決めろ」と言っています。決定を繰り返していけば自ずとオリジナリティーが出てきます。出来上がったものに対して複数人で全く違う視点から評価することは、いろいろと問題点もありますが、僕はいい環境だと思います。

今村　社会に出るとコンペなどそういう環境になりますからね。

下吹越　そうですね。むしろ研究室のなかに閉じこもらない方がいい。閉じた環境下では非常に特徴的な個性が出るかもしれないけれど、指導教員に言われて描いたのか、自分で考えて描いたのかが見えなくなる。それよりもオープンに議論した方がよほど鍛えられるし、提案の強度が備わると思います。

◇　　◇　　◇　　◇

座談会を終えて

今村　これからの設計教育について、学生たちに伝えたいことをテーマに座談会を開きましたが、「建築の領域」の拡大と同時に「建築の本質」的なところも伝えていかなければならないという、教えることの幅の広さと深さが見えた座

大学院デザインスタジオ（法政大学）

談会になりました。時間に限りがありますので、ここからは各先生方に一言ずつまとめをお願いしたいと思います。

今井 私が活動してきたコソボやシエラレオーネ、アフガニスタンでは、和平協定締結後の緊急支援であるため、まだ新政府が樹立する前の国連管理下での活動となり、まだ国の法律もない状態になります。その状況下で、人々は紛争が終結したことから将来への希望に満ち溢れています。私はこの"ルールなきモラルの世界"が好きで活動を続けてきた理由でもあります。しかし2〜3年もすると、徐々に治安悪化が進み、紛争が繰り返されるという世界も見てきました。ここで私が言いたいことは、ルールは国によって変わります。建築基準法というルールも他の国では通用しないものなのかもしれません。その時に自分の信じるデザイン、モラルを持っていることが大切だと思います。

岩田 建築の設計者に求められるスキルが年々増えていくなかで、実務における設計行為の分業化が進み、設計者に求められる職能もホリスティックなものからスペシャルなものへとシフトしています。設計教育の目標をどのように定めるべきなのか頭を悩ませる状況ではありますが、画一化された感のあった教育プログラムから脱却して各大学が色を出しやすくなっていることは、建築での学びを業界外に波及させることにつながっていくと期待しています。そのようなことも念頭に置きながら、今まで以上にドラスティックに舵を切って新たな試みにチャレンジすることが大学に求められていくと思われますが、変えてはならない本質的な部分はしっかりと見極めてこだわりたいです。

小林 教育機関で建築技術者を育てることは、実社会に出てから活躍または成長できる技術者を育てることになります。実社会での「建築」の領域においてデジタル技術を中心に扱う範囲が広がる一方で、これまで以上に多種多様な人とのコミュニケーションが必須になる職種でもあります。

このことで建築が複雑で、より広範な知識が必要な職種だと思われていると感じます。本来は、そこに建築の楽しさがあります。建築教育のなかで学ぶことができる考え方、伝え方、社会の捉え方などを学問として学ぶことができ、ものづくりの楽しさや充実感を実感できるよう、教育の改変をしていく必要があると感じます。

下吹越 「実学」と「理論」というキーワードを端緒として各校の取り組みが詳細に紹介され、建築教育の現在位置が浮き上がる充実した座談会でした。最先端と呼ばれる技術や動向が数年で陳腐化する激動社会のなかで、どのように「実学」を位置付け、実務には役に立たないかもしれない「理論」を関連付けするのか、そのバランス感覚に建築教育の現代的な様相が現れることを再認識できました。建築の寿命は長いです。現在の学生が社会を牽引するコアメンバーになるまで20年前後の月日が掛かるとすると、大学は建築の最も新しくて刺激的な動向を肌で感じられる場所であると同時に、少なくとも50年くらいの耐用性を備える思考に接続する場であって欲しい。俯瞰的な視点で捉え、建築の根幹に立ち戻れる場所として大学教育がある、という大風呂敷を広げていたいと思います。

今村 先生方ありがとうございました。大学によっては建築学科という呼び方から環境デザイン学科などと幅を広げた総合デザインを学習・研究する教育姿勢の大学もあるようです。そのなかでもやはり「建築」教育は全ての環境とデザインの基本だと思います。時代としては「建築家の職能」としての幅の広がりが求められながらも、「建築の本質」を追求することを建築家教育から忘れないようにしたいと考えています。建築の持つ社会性と原論を両立させるような設計教育を学部・大学院の6年間を通して行えるようにカリキュラムが組めたら良いでしょう。

The ARCHITECTURAL SCHOOL FESTIVAL
for NEXUS 2022 ④

首都圏建築学生
活動発表会

Project Presentations of Architectural Student Groups

建築学生たちが学内での授業の枠を超え
て活動する、5つの建築サークルと学生プ
ロジェクトチームが、日頃の活動の成果を
プレゼンテーションした。

開催概要

2022年9月3日（土）16:00

建築学生5団体が日頃の成果をプレゼンテーション

首都圏の大学・専門学校における建築サークル・学生プロジェクトチームなど5団体が参加した、

活動発表会。学年の垣根を超えて、また他校とのネットワーク、地域住民との交流など、

さまざまなつながりから研究・活動を行い、

学校の授業では得られないような貴重な経験を積み重ねる日頃の成果を、

各団体がプレゼンテーションする。コロナ禍で活動が制限される中でも、

各団体が建築について何を考え、どのような取り組みをしているのか。

本会は互いの活動内容を知り、参加団体同士の新たな「縁」を結ぶ絶好の機会ともなった。

モデレーター

種田 元晴
Motoharu Taneda

文化学園大学 准教授

活動を通じて培った友情や信頼は一生の宝

参加してくださった5団体とも、建築への情熱と希望にあふれる素晴らしい取り組みをされていて、大変刺激的でした。このような活動は、学年や分野を超えて、単に学校で授業を受けているだけでは交われない仲間たちに出会えることが、なによりも貴重だと思います。活動を通じて培った友情や信頼は、一生の宝となることでしょう。

自主的に運営することは、与えられた課題に取り組むだけでは得られない、さまざまな困難に対する問題解決能力が鍛えられる絶好の機会ともなっていると思います。さらには、取り組み内容もそれぞれユニークなものですから、このようにお互いのやっていることを情報交換できる場があることも大変貴重だと思います。他者を知ることで、自分たちのオリジナリティがよりはっきりと見えてきて、益々、各々のブランディングが加速するものと期待します。来年度はぜひ、さらにたくさんの方々を交えて、より多彩な活動に触れられることを楽しみにしたいと思います。

[参加団体]

工学院大学
WA-K.pro

中央工学校
建築倶楽部

東京理科大学
理科大野田建築サークルDOC

日本大学
建築構造デザイン研究サークル

法政大学
ZAGプロジェクト

工学院大学
WA-K.pro

発表者: 依本 晃希(2年)、渡辺 椎菜(2年)、李 駿聡(2年)

発足: 2008年　　代表: 依本 晃希　　メンバー: 約350名

拠点: 工学院大学 八王子キャンパス

「さまざまな角度から建築を学び、体験する」

依本 WA-K.proは工学院大学八王子キャンパスで活動している学生プロジェクト団体で、普通のサークルとは違い、大学から活動費用などを出してもらっています。2022年度で活動14年目を迎え、所属人数は約350名で、八王子キャンパスで学ぶ1・2年生で構成されています。全員が常に参加するのではなく、各プロジェクトで参加したい人を募って進めています。活動コンセプトは「さまざまな角度から建築を学び、体験する」ことです。建築はデザインや構造など多岐にわたる分野を内包しているので、さまざまなプロジェクトを通して、それらに少しずつ触れていこうというコンセプトです。

　今年度の活動を紹介します。まず年度の最初に新入生歓迎会を実施して、1年生を対象に活動をPRしました。3日間の会期で対面とオンラインで説明会を開いて、合計300人以上が参加しました。プロジェクトとして最初に取り組んだのはアルキテクチャーです。これは簡単に言うと建築巡りで、10数名ずつで約20班に分かれて都内の建築を見に行き、後日発表会を実施するという内容です。「隈研吾さんの建築を見る」や「渋谷区のトイレを見る」など、各班でテーマを決めてフィールドワークをしました。次はポートフォリオセミナーで、総合資格学院様の協力のもと、OBの方を招いて、ポートフォリオのつくり方やプレゼンの仕方について講演会を開きました。他の学校の学生もオンラインで視聴でき、100名以上

が参加しました。また、WA-K.pro内でのオリジナルのコンペとして、「優しい照明」をテーマに家具コンペを開催しました。環境に優しい照明や目に優しい照明など多様な作品が応募され、大学の先生を審査員に招き、講評会で順位を付けました。続いては建築模型交流会です。2年生が設計課題でつくった模型を持ってきて、これから設計課題に取り組む1年生に、コツやテクニックなどを共有しました。次は展示スペースレイアウトで、八王子キャンパス内にある、学生プロジェクトを紹介する教室の内装や、ガラス面に貼るシートなどをデザインしました。10月の学園祭までに竣工予定です。

渡辺 9月から12月の活動計画としては、まず初めに教室インスタレーショ

アルキテクチャー

・都内の建築を見に行き、後日団体内で報告会を行った

・「隈研吾の建築を見る」、「渋谷区のトイレを見る」など各班テーマを決めフィールドワークを行った

アルキテクチャー

家具コンペ

・「優しい照明」というテーマで団体内コンペを開催した

・審査員に先生を招き講評会を行った

家具コンペ

ンです。これは学園祭で展示するインスタレーション作品で、今年は「水と涼しさ」をテーマに、身近にあるものを使って風、光、水から涼しさを演出していきます。次は、八王子市由木村の中心にある大栗川公園周辺で地元の方々と一緒にキャンドルを灯す、大栗川キャンドルリバーです。由木の魅力を伝え、地域住民同士が交流できるイベントです。WA-K.proはコアメンバーとして、ポスターなどのデザイン・制作に携わり、当日の運営にもボランティアとして参加します。

次はK×Kプロジェクトです。これは八王子キャンパス内の老朽化した倉庫を学生たちが設計し、10年かけて多摩の木材を利用した木造建築に建て替えるという企画です。まだ具体的な建て替えは決まっていませんが、来年度以降も引き続き取り組んでいきます。これに付随して林業体験も実施しており、2021年度は東京チェーンソーズ様にお願いして、西東京の林業見学会をさせていただきました。また、建築学部の先生方やキャンパスを設計した建築家など、工学院に関わる方を招いた講演会も企画しています。学生が普段使用している校舎の設計に関するお話を聞く機会がないので、本校の建築を学ぶことが目標です。まだ企画段階ですが、今後定期的に開催する予定です。最後に、この新宿キャンパスの地下1階B-ICHIの展示の入れ替えに際して、展示コンテンツの企画案出しや施工作業などをコラボさせていただく企画も進行中です。博展様にパートナー企業として協力していただき、本企画を通してデザインの知識を深めたいと思っています。本日はこのような機会をいただき、ありがとうございました。

質問｜八王子キャンパスを設計した方の講演会を企画しているとありましたが、大学のマスタープランの中でしっかり位置づけられるような建物とは別の流れで建っている、付属的な建物もあると思います。そうしたメインとサブのストーリーという見立てなど、いろいろな文脈の読み方があり得ると思いますが、その辺りをどう考えて取り組んでいますか？

依本 この新宿アトリウムが工学院大学関連の施設で一番新しいものなので、ここをスタート地点にして時系列的に遡っていくかどうか、検討しているところです。

大栗川キャンドルリバー

K×Kプロジェクト

中央工学校
建築倶楽部

発表者: 浜野 諒哉（4年）、岡田 一生（OB-令和2年卒業）、荒瀬 康太（4年）、大竹 悠生（4年）
発足: 2000年　　代表: 荒瀬 康太　　メンバー: 6名
拠点: 中央工学校

「建築家との連携で多様な経験を得る」

浜野 建築倶楽部は建築が好きな学生が集まり、コンペへの応募や建物見学会、建築模型の制作などに取り組んでいます。中央工学校では以前より、建築家と連携して多くの成果を上げてきました。今回は安藤忠雄先生と隈研吾先生の展示会での模型の制作と会場設営について発表します。

岡田 まずは安藤先生ですが、顧問の渡辺先生とのつながりから、これまで多くの講演会やイベントに招待させていただいています。2016年に安藤先生の事務所から、国立新美術館での個展で展示する、「直島の建築群」の模型制作の依頼を受けました。会場の構成図を見るとこの模型が会場の中心のハイライトとなっていて焦りましたが、ここから私たちの挑戦が始まりました。ま

ず、各建物のスタディ模型をつくるところから始めたのですが、図面だけでは立体的な空間構成の把握が困難で、制作方法の検討や部員同士での最終的なビジョンの共有が大きな課題でした。毎日、学年、学科の異なるメンバーが集い、意見交換をしながら制作しました。

完成したものは全8点の大型建築模型群です。各模型のディテールは、階段やトップライト、植栽に至るまで細部にこだわってつくり込んでいます。設営では直島模型に各建築模型を設置し、ヒノキのチップで馴染ませました。映像と音楽に合わせて建築群がライトアップされ、浮かび上がる演出となっています。僕が担当した地中美術館はほとんどが土の中に埋まっている建物で、展示では半分程度を埋めて建物が

見えるようにしていたのですが、会場を訪問した安藤先生に「これは違う」と、埋められてしまった苦い思い出があります。今思えば、非常に重要なことを教えられたと感じています。直島模型の端のパネルには制作協力者として、関わった部員全員の名前が記載されました。安藤先生と、パネルを制作してくださった所員の方の心意気に感謝しています。

荒瀬 次に隈先生との連携について発表いたします。1つ目は上海証券のエントランスにある「Forest for living」です。材料は2440×1220mm、厚さ25mmの構造用合板のみを使用しており、それを接ぎ合わせた、一種の樹上生活を可能とするクラウド上のパビリオンです。最初は紙

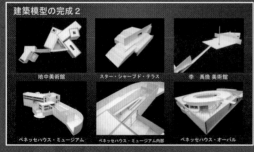

建築模型の完成2

地中美術館 ／ スター・シャープド・テラス ／ 李 禹煥 美術館 ／ ベネッセハウス・ミュージアム ／ ベネッセハウス・ミュージアム内部 ／ ベネッセハウス・オーバル

「直島の建築群」の模型

直島のインスタレーション

模型が映像と音楽に合わせ浮かび上がる演出

直島のインスタレーション

でスタディモデルを制作するところから始めました。複雑な意匠でしたが制作していく過程で、同じ形状のユニットが角度を変えて規則的に接している幾何学的なパターンを見つけ出すことができました。板を斜めに接ぎ合わせる加工は大変でしたが、ノコギリ作業に慣れてくるとペースが上がり、最後の組み立ては一気に進みました。

　2つ目は台湾にある「TAO」です。厚さ50mmの集成材の板を接合することにより、独特の反りのある二次曲面のルーフを大地の上に浮かせた計画となっています。台湾の新埔の山中に計画された儒教の霊廟で、日本では宗教建築の屋根は平入りが基本ですが、これは軸線を45度ずらすことで平入りとも妻入りとも違う表現となっています。ここでもまずスタディモデルの制作から始めて、ノコギリで曲線を切り出し、切り込み部分をのみで切り取りました。上から見て直角に重ね合わせて接ぎ合わせると立体的に組み上がり、最後の組み立てで3つの部材がぴたりと合わさった瞬間

には安堵の声が上がりました。東京ステーションギャラリーでも展示し、会場全体の設営にも携わっています。

　安藤先生、隈先生ともに、中央工学校で講演会をご厚意で開いてくださいました。330名が入れるSTEPという学生ホールが満席になる盛況となりました。安藤先生の講演のテーマは「挑戦」で、海外の建築にも目を向ける必要があると訴えられました。「自分の部屋に地球儀のない学生はダメだ」というフレーズが心に残っています。隈先生は講演で素材の表現の重要性を訴えられ、覆うのではなく素材の良さで形態を決めるという設計手法が勉強になり

ました。「建築は小さな粒子の集まり」というフレーズが心に残りました。

浜野　建築家との連携でさまざまなものを得られましたが、やはり自身の経験に勝るものはないと感じました。私が入部した当初は30名いた部員も今では6名です。今後は心機一転して活動を続け、より多くの仲間と建築の楽しさを共有したいと思っています。最後に、素晴らしい機会を下さった安藤先生と隈先生に御礼を申し上げます。ご清聴ありがとうございました。

種田｜こういうプロジェクトを学校でできるのは本当に素晴らしいと思います。

建築模型の制作１

図面やスタディ模型を見ながら組み上げる

「Forest for living」の模型制作

展示会場の様子　東京ステーションギャラリー

２万人を超える入館者が訪れた　東京ステーションギャラリーとしては過去最高

東京ステーションギャラリーでの展示の様子

東京理科大学
理科大野田建築サークルDOC

発表者：許山 桂（3年）

発足：2019年　　代表：許山 桂　　メンバー：約70名
拠点：東京理科大学 野田キャンパス

「活動を通して多くの人と関わる」

許山 DOCは、東京理科大学の野田キャンパスに2019年に誕生した、約70名のサークルで、メンバー全員が建築学科に所属しています。今年度は「大学で学んだことを外で、外で学んだことを大学で発揮する」ことがテーマです。DOCという名前は、藤森照信さんが著書の中で、建築の各時代に対する歴史観のイメージをキャンディーで表現したことに由来します。

　活動内容としてまずは、「『実際』を体感して初めてわかる？」というテーマで、福島県相馬市での家具制作について紹介します。人口流出が深刻な相馬市を活性化するための古民家改修プロジェクトの一部として、家具制作に携わりました。制作するのは、1階のカフェのテーブルと2階のゲストハウス

の2段ベッドです。春休みにスタディをして、その後、メンバーがローテーションで合宿して制作に取り組みました。2段ベッドでは、大学で学んだ構造の知識を使って、部材の適切な長さや本数を検討しました。テーブルは軽そうな見た目を目指したのですが、施工が難しく、補強材を入れたり、材料を変えたりして形をまとめていきました。また、この活動がまちで噂になって、地元の方が工具を貸してくれたり、アドバイスしてくれたり、手料理をいただくこともあり、大学では体験できない温かい交流ができました。相馬神社や松川浦などいろいろな名所にも案内していただき、建築を学ぶだけではなく、相馬の人や文化を知るという貴重な経験にもなりました。そんな矢先に最大

震度6強の地震が発生し、我々の制作はストップしてしまったのです。メンバーは全員無事でしたが、地震の威力と人間の無力さをまざまざと感じさせられました。まだ活動は再開できていませんが、家具の完成と現地の方とのさらなる交流が目標です。

　鳥取県立美術館のロゴマークのコンペにも参加しました。敷地の特性や事例を参考にして、求められるコンセプトを理解し、形にするプロセスはとても建築的で非常に勉強になりました。何より、採用されれば実際に使われるというリアリティがモチベーションになり、企画に取り組むうえで重要な要素だと気づきました。提案して終わりではなく、賞に選ばれたロゴを研究して、自分たちに足りなかったことなど

2段ベッドの制作

テーブルの制作

反省し、次に活かしていきます。

　続いては、「『建築』を知らないまま勉強してない？」というテーマで、建築見学会を開催しています。上野公園編では、世界遺産である国立西洋美術館などの名建築の保存方法や活用方法を参考にし、銀座編では東京国際フォーラムなど有名な建築を見て、細かな部分や参考にしたい部分を写真に撮り、皆で話し合いました。

　次に、「平面世界と現実世界ってどう違う？」というテーマで、図面の描き方を習得して、寸法と体感の微妙な違い

について勉強する製図体験会を開催しました。これは、図面の描き方を学校ではあまり教えてもらえず、設計課題の際に苦労した経験から企画したものです。実際に見に行ける名作住宅をお手本に、製図板の使い方や、図面の描き方を先輩が後輩に教えます。開口部の開き方や木造の尺寸法に基づいた寸法体系を肌で感じるには、実際の空間を体験する以外ないと思います。

　今後の課題としては、活動を通してより多くの人と関わりたいと考えています。本日参加しているような同じ志

を持つ団体さんともっと関わることができれば、DOCの発展だけではなく、各メンバーの成長にもつながります。さらに、家具制作のような1／1スケールでものづくりをする経験は、大学ではなくサークルで行うしかないと思います。ただ現状は、地域に貢献できるような活動をするには人脈や技術的なハードルが高く、適切な方法を模索しているところです。また、活動が意匠系に偏りがちですが、都市系や材料、構造など建築を総合的な学問として、皆で勉強できるサークルにしていきたいです。最後に、この場に招待してくださり、日頃から大変お世話になっている総合資格さんと、実行委員の皆様に御礼申し上げます。ありがとうございました。

質問｜材料や構造の理解を深めるために、具体的にどういう活動をお考えですか？

許山 木材を自分たちで組んでみて、どうすれば倒れないかを体感することや、社会で活躍されている先輩方や大学院で研究している方などにレクチャーしていただくことを考えています。

建築見学会 銀座編

図面の書き方の習得を通して、寸法と体感の微妙な違いを感じ取る

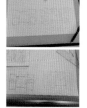

製図体験会

日本大学
建築構造デザイン研究サークル

コウデケン

発表者：松野 駿平（4年）、杉山 陽祐（4年）

発足：— 代表：本多 響 メンバー：145名

拠点：日本大学 駿河台キャンパス

「建築学生に役立つ"ちょっとしたこと"」

松野 コウデケンと申します。正式名称は「建築構造デザイン研究サークル」ですが、名前が長いことと、そもそも名前と活動内容が整合していないという点から、コウデケンという略称の方を覚えていただけると嬉しいです。日本大学理工学部に所属する建築系のサークルで、先ほどサークルの公式LINEで人数を確認したところ、現時点で145名が在籍しています。建築学科の学生が大半ですが、まちづくりや海洋建築など、他の学科の学生も数名います。また、協賛企業として人材紹介会社のレイス株式会社様にご協力いただき、運営上の経済的支援をしていただいています。コウデケンの最大の特徴は、学内のサークルということもあり、長期的かつ大規模な活動というよ

りは、建築学生として生活するうえで役に立つ、ちょっとしたことをテーマに活動していることです。設計をする際にはいろいろなスキルが必要とされますが、当然ながらその全てを学校のカリキュラムで取り扱うことは難しいです。そのため、学業を補完するサークルとして位置づけています。では、その"ちょっとしたこと"とは何か、杉山から説明します。

杉山 "ちょっとしたこと"として、5つの活動について簡単に説明します。1つ目はベタですが、定期的に建築巡りを行っています。多くの方に気軽に参加していただけるよう、都内を中心に実施しており、これまで代官山や表参道などを巡ってきました。大変フランクな企画なので、他学年

との交流が深まる機会でもあります。直近では上野を巡る予定です。2つ目はPCソフト講習会です。コロナ禍ではオンラインでの実施となりましたが、構内のパソコン室を使用してPowerPointやAUTOCAD、Photoshopなど広く扱います。操作方法はもちろん、建築学科にいると非常に幅広いソフトを扱うことになるため、特に1・2年生はどのソフトをどのような目的で、どう使うのかわからない学生が多いと思いますので、そうしたことも加味して丁寧に展開することを意識しています。3つ目は定例エスキスで、さまざまな設計課題について学年を跨いで話し合っています。下級生が設計の授業の後にその足で参加できるよう、毎週火曜から金曜まで4年

建築を歩いて見て回る建築巡り

PCソフト講習会

生が対応しています。4つ目は研究室相談会です。設計・計画系、構造や設備に至るまで、多分野の研究室に在籍する4年生が3年生の質問に答える機会を設けています。各研究室が公式に行うオープンラボとは異なり、あくまで4年生と3年生のお話会のような位置づけで開催しているので、両者にとって気軽かつリアルな場となっています。

最後に5つ目ですが、卒業設計または修士設計のお手伝いを募集するサービスを運営しています。これは2021年に開始したサービスで、まだフル稼働とはいきませんが、仕組みとしては、募集側であるB4あるいはM2の学生にリクルートシートを作成していただいて、そのシートをサークルの公式LINEに流し、下級生に告知するというものです。サークルとしてはその仲介をしており、リクルートシートを流してお手伝いの希望があった場合に、その旨をホスト側にお知らせし、どちらか一方の連絡先をいただいて双方をつなげます。このような活動の様子を今後、Instagramなどで発信していく予定ですので、興味のある方はぜひご覧いただけたら嬉しいです。以上、コウデケンについて紹介させていただきました。

ありがとうございました。

質問1｜大人数だからこそ運営するうえで苦労したこと、逆にこういう企画をやることができたということがあれば教えてください。

松野　140名在籍していることは確かですが、全員で活動したことはありません。自由参加という形を取っていますので、「ちょっと設計で行き詰まったからコンタクトしてみよう」といったように、気軽に、便利に参加できるサークルとして活動しているので、あまり大きな活動はまだできていない状況です。

質問2｜団体名からは構造デザインというイメージが強かったのですが、皆さんの所属研究室を拝見するとかなり意匠色が強くて驚きました。その点から、エスキスなどをやって得られた発見など何かエピソードがあれば教えてください。

松野　エスキスにおける新しい発見は今のところ特にないのですが、後輩とエスキスをするのはこちらもかなり緊張します。間違ったことを言っていないかなど、先生の気持ちがわかるような部分は多少あります。

学年を跨いで話し合う定例エスキス

お手伝いを募集するサービス

法政大学
ZAGプロジェクト

発表者: 石田 林太郎(修士1年)、山口 俊介(修士1年)、福島 将洋(修士1年)

発足: 2020年　　代表: 石田 林太郎　　メンバー: 42名

拠点: 法政大学 市ヶ谷田町校舎

「設計から施工まで、1／1でつくる」

石田 ZAGプロジェクトは、神奈川県鎌倉市材木座のとある住宅の敷地内に、学生が設計から施工まで一貫して行い構築物をつくる、法政大学の下吹越研究室と浜田研究室による合同プロジェクトです。2020年11月に始動し2022年3月まで活動しました。まず施主の要望に対し、一人一案のアイデア出しから始めて、10カ月ほど掛けて施主と丁寧に対話し、2021年8月に一つの案に帰結しました。その後、採用されたアイデアからさらに具体的な提案をしていき、12月に実施図面を描き、2022年2月から実際に工事に入るという段取りです。最終的に採用されたのは木造キャノピーの案でした。材木座が木材を集積する地であるという地域的特性を汲み取り、木材の集積体が

コンセプトです。また、施工段階では多くの学生の参加を想定し、木材を井桁状に組み上げるという極めてプリミティブな操作に限定した構法を採用しました。

山口 本構造物を構成する構造原理であるフラックス・ストラクチャーは、有機的で流動的で力学的に合理的な構造形態を指し、それを生み出すために、なるべく材料使用量を抑制しながら、応力分布が均一化されるような、力学的に合理的な形態を導出することができるBESO法を用いました。BESO法とは、最初に大枠の設計領域をメッシュ状に分割して、構造解析で出した応力分布の小さいところを徐々に繰り返し削っていくことで、次第に力学的に合理的な形態が得られるという手法で

す。形態を生み出すための解析条件は、まず施主の要望から敷地条件としてできる限り前方に大きなスペースを取りたいということ、そして大きな張り出した屋根がほしいといったことでした。そこから柱を落とす構造体を支持する位置を考え、大きく跳ね出したところに人が実際に生活できる程度の荷重を見込んで、形態を生み出していきました。最終的に出てきた形態を微修正しながら建設しました。

石田 竣工したものを見ると、解析モデルからほとんどそのまま建築化できたことがわかると思います。しかし実際には、形態創生で獲得した位相に対して、セルフビルドで施工できる状態に変換する作業を行っています。得られた位相では、上層の木材と下層の

木材の搬入・加工

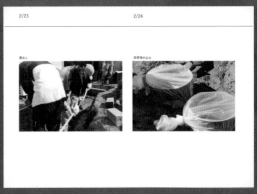

墨出し、紙管埋め込み

木材の接合箇所が一箇所の点が多々あります。これは学生がセルフビルドで組み立てるには不可能なため、一つの部材に対して最低2箇所の接合部を設けました。3Dモデルで有機的な形態を保持していることを確認しつつ、部材を伸ばし、一部新たに木材を付け加えるなどの操作を行い、形態補正をしました。井桁状に組み上げた木材の層は全部で28層です。また、部材長さは105角単位とし、最長3,000mm以上、最短315mmとなっています。子供部屋の前に井桁状の柱を落とすことで、子供部屋に光を通しながらプライバシーを確保する効果もあります。建築高さは3mで、構築物の屋根レベルを2階の窓ガラスのレベルと合わせています。将来的には屋根部分に人が乗って、テラスとしての活用を想定しています。

福島 工事の基本的な流れは3ステップで、木材加工、現場での基礎工事、最後に上屋の工事で完成です。まずは学校に150本ほどの木材を搬入して、自

分たちで寸法を測って切って、まとめて運んだのですが、後輩40名ほどを集めて手伝ってもらいました。2月23日からは現地に泊まり込んでの作業で、基礎工事のための墨出しや穴を掘ることから始めて、基礎を打つための紙管を埋め込み、コンクリートを打設しています。硬化したのが3月4日なので、基礎工事で1週間ほど掛かっています。その後は上屋工事に移り、図面を見ながらパーツをどんどん組み上げていく作業です。最初は1日7～8層のペースで組んでいたのですが、自分の体よりも高い層になると足場を立てるなどしなければ

いけなくなり、部材も大きくなるので、1日2～3層を組むのがやっとで、ようやく完成したのが3月12日でした。

　自分たちで設計したものが1／1の構築物として出来上がり、その迫力に感動しました。設計から施工までの長いプロジェクトで、材料の調達や予算内に収めるための調整なども全て自分たちで行いましたが、そういう設計以外の部分の体験は学校の授業や設計の課題ではできないので、先生やお施主さんにとても感謝しています。今後もこの作品の拡張や補修などフォローを続けていきたいと考えています。発表は以上です、ありがとうございました。

上屋工事

竣工した構築物

The ARCHITECTURAL SCHOOL FESTIVAL
for NEXUS 2022※

開催への軌跡
建築学縁祭学生実行委員会
Road to The ARCHITECTURAL SCHOOL FESTIVAL for NEXUS

第1回の実行委員たちの意志を継いだ、2022年度の建築学縁祭学生実行委員会の活動を紹介。活動の軌跡を振り返る座談会、特別企画『繋』建築写真展も収録した。

建築学縁祭学生実行委員会

建築学縁祭学生実行委員会とは

建築学縁祭学生実行委員会は、2021年、建築学生の横のつながりが途切れてしまったコロナ禍に、

新たな建築設計イベントを立ち上げるべく、首都圏の各大学・専門学校で建築を学ぶ学生たちを中心に組織されました。

2回目となる2022年度は、3月22日（火）のキックオフミーティングを皮切りに活動をスタート。

まずは幹部と各班のリーダーの選出から始まり、実行委員長に手を挙げたのは関口結理奈さん。

第1回の実行委員長を務めた森田泰正さんの推薦もあり、

関口さんをリーダーとして学生実行委員会が動き始めました。メンバーたちは、

各役割を担った6つの班に分かれて準備を進行。会期までの限られた時間のなかで、

各班はオンラインの会議ツールも活用しながらミーティングを重ね、横と縦の情報共有を密にしながら、

活動を推進していきました。学生実行委員は総勢120名の大所帯となり、

2回目の『建築学縁祭』を前回よりもさらに盛り上がる、より多くの人たちの縁をつなぐ会へと育てていきました。

総務会計班

イベント全体の資金管理が総務会計班の仕事。企業からの協賛金の入金・管理を始め、多額のお金を扱うことが役割となるため、細部まで徹底した管理が必要になります。その他、各会議での参加者の交通費など経費の処理、運営事務局との綿密な諸経費の確認、銀行口座の管理・運用まで、実行委員会の活動を縁の下で支える極めて重要な班です。

広報班

ホームページやSNSなどで『建築学縁祭』を広く世の中に発信するのが広報班のミッション。より見やすくわかりやすいホームページを構築して情報を公開し、TwitterやInstagramといったSNSも駆使して、イベントの事前告知から会期中のリアルタイムな情報発信まで行います。各媒体での情報発信の統一性と継続的な発信が求められます。

クリティーク班

一次審査と本選の審査員を誰に依頼するのか？その選定から依頼連絡、事前打ち合わせ、当日の対応までを担当するのがクリティーク班。意匠・構造・環境設備・実務などさまざまなジャンルから多数の審査員候補をリストアップし、どのようなセレクトだと議論が面白くなるかを考えていきます。また、審査方法も審査員と協議して決定していきます。

開催までの道のり

3月	4月	5月	6月
3月22日（火）キックオフミーティング	ロゴマーク、フライヤー、名刺を制作	ホームページ、SNSを公開 企業への協賛募集を開始	作品エントリー受付開始

渉外班

渉外班は協賛企業・後援団体を募集するのが主な役割。企業や各種団体への訪問、新卒採用向けの企業研究セミナーへの参加などで企業・団体にアプローチし、協賛・後援をお願いします。名刺交換をして、『建築学縁祭』についてプレゼンテーションしてPRし、運営資金を調達するという重大な役割を担っています。

デザイン・書籍班

その名の通り、『建築学縁祭』のロゴマークを始め、フライヤーやポスター、名刺、実行委員おそろいのTシャツなど、デザイン全般を担います。広報班と連携してホームページのデザインにも関わります。また、会期終了後には、建築学縁祭オフィシャルブック（本書）の制作にも携わり、テープ起こしや誌面チェックなどを担当します。

会場運営班

作品展示やシンポジウム、学生発表会、講評審査会の会場レイアウトを考え、会期中はイベントの進行を円滑にすべく現場で活動するのが会場運営班。展示会場のレイアウトでは、現地調査を重ねて非常時の動線など、さまざまな条件を考慮しながら模型台の配置を考えます。数十名のメンバーで構成される最も大規模な班です。

7月　会場下見・現地調査

8月　8月9日（火）一次審査　Tシャツ、パンフレットを制作

9月　9月2日（金）〜4日（日）建築学縁祭 開催

関口 結理奈
（実行委員長）

阿部 凌大
（副実行委員長）

本谷 慶
（副実行委員長）

大石 純麗
（総務会計班リーダー）

森川 颯斗
（クリティーク班リーダー）

幾田 雄也
（会場運営班リーダー）

田中 里海
（会場運営班リーダー）

小林 真歩
（デザイン・書籍班リーダー）

建築学縁祭学生実行委員会 幹部座談会

より多くの人たちと縁をつなぐ場へ

新しい建築設計イベントとして2021年に産声を上げた『建築学縁祭』。
前回の実行委員たちの意志を引き継ぎ、より良いものに進化させるべく活動を続けた実行委員会の学生たちが、
どのような想いで2回目となる本イベントに臨んだのか!? 幹部のメンバーに各班の活動や会期を迎えての感想、
反省点や今後の課題まで、ここだけの裏話も交えながらお話しいただいた。

幹部として2回目にかけた想い

Q 今回が初参加の方は、きっかけは何でしたか？

幾田 前回参加されていた平林さんからの紹介です。前回の建築学縁祭はオンライン配信で見ていたのですが、まさか自分がこうして関わることになるとは思っていませんでした。平林さんからは「簡単な仕事だよ」と聞いていたのですが（笑）、任せていただけることが多くてその分やりがいがありました。

Q 前回から続いて参加した方は、
どのような想いで臨みましたか？

関口 前回は第1回目ということで、まずは内容や雰囲気をざっくりと決めていったと思っています。それに対して今回はイベントとしての基盤づくりだと思い、学校の成績が下がる覚悟で実行委員長に立候補しました（笑）。
阿部 僕は関口さんほどの覚悟を持って参加したわけではない

のですが、前回は実行委員長だった森田さんの紹介で参加して、その流れで今回も参加しました。関口さんが実行委員長に手を挙げたので、全力でサポートしようという気持ちで副実行委員長に就きました。
大石 前回は結構軽い気持ちで参加したのですが、私も同じように、関口さんをしっかり支えていこうという想いがありました。
田中 前回は7月頃から運営班として参加させてもらって、リーダーの平林さんのもとで会場の下見や、会期の全日程に参加しました。平林さんに「幹部はどれくらい大変なのか、2年の私でもできますか」と聞いたら、「運営班は割と楽だからやれると思うよ」と言われたのでやってみようと思いました（笑）。
森川 僕は前回もクリティーク班でした。Slack（学生実行委員会と運営事務局が使用しているコミュニケーションツール）で次回も実行委員をやらないかとアナウンスがあったので、またクリティーク班をやりたいと思いました。前回の会期後、早い段階から次回もこうした活動があればやりたいという気持ちがありました。
田中 私も次もあるならやりたいと思っていたのですが、幹部

になるとは思いませんでした。

小林 私は前回、何をするかもよくわからず、最初の打ち合わせにフラッと行っただけだったのですが、Tシャツのデザインなど大きな仕事を任されて、会期中も毎日参加するなど、とても楽しかったという気持ちがまずありました。私も幹部になるとは思っていなかったのですが、リーダー的ポジションを任せていただいたので、まず自分が楽しむこと、そして班のメンバーにも楽しんでもらえるようにしたいという想いで臨みました。

Q 2回目の建築学縁祭をどのようなものにしたいか、どういうイメージを持っていましたか？

関口 そもそもの主旨である「人と人の縁をつなぐ」というのはもちろんですが、「学縁祭」というお祭り感が前回は少し足りなかったので、お祭りのように皆が楽しめるイベントにしたかったです。

阿部 僕は前回、模型台制作チームに参加していたのですが、夏頃からの参加で、会期中は一度も会場に行けませんでした。下っ端として動いていただけなので、イベント全体についてはほとんど理解していなかったのですが、とりあえず前回より良くしたいという気持ちがありました。具体的なイメージはなかったのですが、流れてきた仕事はきちんとこなしてつなげていこうという気持ちで取り組みました。前回からの引き継ぎ資料があまりなかったので、資料をきちんと整えて次回以降の基盤をつくっていくつもりでしたが、まだ足りない部分があり今後の課題です。

本谷 僕は大学や学年を越えて楽しめるイベントにしたいという想いがありました。前回よりいいものにしたい、今後もずっと続くものにしたいと考えていました。

各々が責務を全う、そして迎えた会期

Q 各班の活動について、リーダーとして苦労した点など教えてください。

大石 総務会計班は基本的にお金の管理です。最初の頃は打ち合わせの際の交通費の管理が中心で、打ち合わせの翌日、翌々日は忙しくなり、会期中は購入した物の金額をしっかりと把握していきます。今回はFormsを使ったので、打ち合わせの参加者の把握など交通費の管理は上手くまとめることができました。リーダーとして苦労したのは、どこまでの情報をメンバーに回していいかの判断でした。班員には幹部との壁を感じさせないよう意識して、LINEでいつでもフラットに会話できるように心がけました。

森川 クリティーク班はまず、審査員の先生方とのメールのやり取りをします。依頼から打ち合わせまではメールで連絡をして、打ち合わせには基本的に僕や委員長、またメールの担当者も出席します。一次審査や審査会当日はクリティークの先生方にさまざまな説明をしたり、エスコートしたりといったことがありますが、時間に限りがある巡回審査は大変でした。班のメンバーにはミーティングとメールのやり取りで指示出しをすることが多かったのですが、オンラインのミーティングは参加率が低く、結局僕が直接指示を出す、議事録など資料を通して指示を出すという形になってしまったのが残念でした。ミーティングで直接質問などを受けていれば活動がもう少し円滑に進んだと思います。一方で先生方とのやり取りでは、メールのテンプレートをつくって指示を出していたので、スムーズに進めることができました。

小林 デザイン・書籍班はロゴマークやフライヤー、名刺、T

シャツをデザインします。会期中に配布するパンフレットの制作や、会期終了後にはオフィシャルブックの制作にも携わります。パンフレットの制作時期は、課題提出の期間と重なっていたこともあり少し大変でした。班のメンバーは4年生が3名と2年生が2名いて、4年生が忙しい時は2年生に負担を掛けてしまうのですが、2年生が忙しければ時間を調整して4年生がサポートし、助け合うことで忙しい時期を乗り切りました。私はリーダーとしてまとめていたというほどではなかったのですが、メンバーの人数が少ないこともあり、LINEやメールのやり取りではレスポンスが早くて本当に助かりました。

田中 会場運営班は、会期前の活動としては会場の下見や、クリティーク班と一緒に一次審査の準備・運営をします。あとは搬入日と搬出日を含めた会期5日間の活動です。班員が70名以上いたのですが、ミーティングなど皆が集まる日には少人数しか集まらず、会期中も当日になって来れなくなった班員が多くいました。Slackの共有事項を把握していない人も多く、班員それぞれに役割を与えてまとめることが一番大変でした。委員長が言っていたように「お祭り」ということを踏まえて、受付や会場巡回、セッティングなど、できるだけ皆がいろいろな仕事をできるように心がけました。

幾田 基本的には上手くいかないことが多かったのですが、とにかく人数が多い班だったので、Slackを使ってレスポンスを確認したり、その反応を見て再度周知したり、全体を把握することに関しては気を付けて活動しました。

Q 会期を迎えて、どのような感想を持ちましたか?

関口 「もうすぐ終わる」というのが率直な感想でした。とにかくここまで来たらもう成功するだろうと。森田さんからは「実行委員長は会期中が一番やることがない」と聞いていて、実際その通りでしたが気は抜けない状態で、何となくソワソワして、いろいろなところに顔を出してサポートをしていました。何かあったらすぐ対応できるように心がけていました。

阿部 関口さんの言うように、会期中は仕事を全ての班に振り終わっている状態なので、これといって自分の作業というのはなかったのですが、いろいろな対応ができるよう意識していました。割といつもの仕事を繰り返すうちに会期が終了してしまったという気はします。

田中 会場運営班としては、会期が近づくに連れて「ヤバい」という気持ちがどんどん強くなっていって、実際に会期になると連絡や指示を聞いていない人がいて大変でした。だけど楽しかったのもまた事実で、会期が1日終わるごとに「良かった、とりあえず今日はできた」という感覚でした。小さな失敗は多々あったけれど、大きな失敗はなかったのでそこは良かったです。大成功とまではいかなかったけれど、上手くやり切ったと思います。

Q 模型台が会場に並んだ景色はいかがでしたか?

田中 前回も同じ模型台でしたが、やはり会場が違うので雰囲気も違うなという感覚が最初に出てきました。でもそれ以上に、模型がズラッと並んだ時の圧倒的な迫力は凄かったです。

幾田 2階に上がって会場を見下ろした時はとても壮観で、達成感がありました。これだけの人数が参加してくれたのだと目に見えて感じられて、実行委員の皆で頑張って告知もしていたので、結果につながって良かったです。

大石 私は前回、模型台制作チームでしたが、会期中は参加できなかったので、今回は自分たちがつくった模型台にきちんと模型が載っている風景を見て嬉しかったです。他の建築のコンペとは違う自分たちのオリジナルの模型台なので感動しました。

本谷 模型台が100個並んでいるのは迫力があって凄かったです。多くの方が出展して、審査員も有名な方ばかりで、自分自身の学びにもなりました。イメージしていたよりも迫力のあるイベントだと実感しました。

ました（笑）。

関口 ごめんなさい（笑）。会期の直前には私と阿部君で大喧嘩もしました（笑）。

阿部 建築写真展の企画について打ち合わせをしていた時です。写真展はサブイベントなのに、メインがきちんと動かせていない状態でどこまで力を入れるのか、意見が食い違ったんです。

関口 ２人とも頑固だから（笑）。結局仲直りできました。

Q 建築写真展は学生実行委員会のオリジナル企画ですが、どのように生まれたのですか?

阿部 会場運営班でオリジナル企画を募集していて、僕が写真展の案を出しました。サブ企画として、いろいろな学年の方に建築学縁祭に参加していただきたいという想いがあり、誰でも写真は撮るし、建築の写真を集めたら面白そうだと思いました。

本谷 他の案としては、仮想のまちを皆でつくるブースを設置するとか、割り箸で構造を理解できるようなものをつくるといったものもありました。コロナ禍ということもあって割り箸の案はなくなって、最終的に写真展に落ち着きました。

大石 「繋」というテーマは、ミーティングが終わった後に皆で雑談をしているなかから出てきて決まりました。

Q 「繋」は送り仮名を付けていませんが、その意図は?

大石 読み方は「繋ぐ」「繋がる」などいろいろあるので、一つに固執しない方がさまざまな案が出るのではないかと考えて、そこから最終的に漢字一文字になりました。学縁祭自体に「縁」という要素があるので、皆のなかにスッと入ったのだと思います。

田中 応募された写真を見ると、海の水平線に丸い水晶体みたいなものがある作品など、そういうつなぎ方もあるのかと新しい発見がありました。他にも想像していなかったような「繋」を表現した作品がいろいろあったので、テーマに送り仮名を付けなくて良かったと思います。

阿部 建築そのものの写真ではなくても、空間を想像できるような写真を展示の対象としました。建築ではなくても空間をつくっているものが存在し、それを建築という視点から考えることで新たな建築空間に昇華できるのではないか、その思考が面白いのではないかと考えました。写真に解説も付けてもらうことにしたのですが、解説を読むことで、そういう視点もあるのかと新たな気づきがあります。写真を見るだけだとどういうことを考えたのか伝わりにくいので、撮影した人と同じ視点に立って見ることができるようあえて説明を付けたのです。

幹部たちの舞台裏とオリジナル企画

Q 今だから話せるエピソード、ここだけの裏話などあれば教えてください。

関口 〜Rookie選〜が終わったあと、幹部たちで食事に行ったのですが、会期４日目にしてやっと皆と打ち解けられました（笑）。そこでいろいろ話をして、共感することもあれば、ぶつかり合うまではいかないけれど討論することもあって、とても楽しい時間でした。

阿部 会期前はそれぞれの役割があって、幹部同士で話し合う機会はほぼありませんでした。会期４日目に一緒に食事に行ってやっと皆と話せて嬉しい気持ちと、最初から幹部同士でもっと密に話ができていれば、もう少し上手く活動できたかもしれないという想いもあります。

田中 オンラインのミーティングでエスキスについて話したこともありました。ちょうど私が旅行中で旅館から参加していたのですが、「この人たちエスキスについて話し始めた」と驚き

Q 次回のオリジナル企画はどのようなものを期待しますか？

関口 内容は次の実行委員たちに任せますが、1年生が応募しにくいという声があったので、1年生でも応募しやすいような企画を考えてくれればいいなと思います。

阿部 今回の写真展は応募者を見ると4年生や修士の方が多く、本当は1・2年生をターゲットにしたかったという想いはあります。下級生に建築学縁祭を広く知っていただくという意味でも重要です。

大石 今回は少しテーマを難しくし過ぎたので、その辺も考えてもらえるといいですね。

阿部 テーマが伝わりやすいように「繋」の下に文章も付けたのですが、逆に内容が深くなり過ぎて読み取りにくくなってしまったので、そこは改善の余地があると思います。

会期を終えて、次へバトンをつなぐ

Q 会期を終えての感想、反省点や
**　次回への期待を教えてください。**

幾田 今回、僕は初参加で、こうした学外の大きな団体に入るのも初めてだったので、大勢の人を統括して動かすのはとても難しいということが実感できたのはとてもいい経験になりました。普段の学校生活では関わることがない企業の方とお話でき、建築家の方とも接点を持つことができたので、そういった意味でもいい経験でした。年齢が離れた人とのコミュニケーションや指示の出し方、もちろん僕も指示されることがあったのでその受け方など、そういった組織のなかでの動き方も学べたと思います。課題としては、班のメンバーにもう少し会期の状況を事前に伝えられれば良かったです。初参加の人も多いなか、当日の動き方を文字だけで伝えた部分が多かったので、もう少し具体的に想像しやすく前回の映像や失敗したこと、座談会で出た反省点なども含めて情報共有できたら良かったと思

います。

田中 私は今まで高校の部活の副部長くらいしかやったことがなかったので、大きな団体のなかで班のメンバーに指示出しして動かすことを経験でき、下で動いていてわからないことや、逆に上の人たちが望む動き方が少しわかるようになりました。将来就職した時にどういう動きをすればいいのかを学べたと思います。反省点は前回もそうでしたが、動いてくれるメンバーと動いてくれないメンバーがいたことです。「いろいろな仕事に関わりたい」という人や、「この仕事だけでいい」という人もいて、それぞれの意向を考えて役割分担しなければいけないと思いました。顔を合わせてコミュニケーションを取るのが難しいコロナ禍で、さらに他の班とは違って会期中や一次審査の準備だけという活動のなか、事前に対面で会うことができない班なので、コミュニケーションの問題は難しいです。次回はコロナ禍が落ち着いて、きちんとコミュニケーションを取り、他の班の動きも今どういうことをやっているのか共有して、横のつながりも大事にしてもらいたいです。

大石 総務会計班としては裏方の仕事を学べました。初めて総合資格のオフィスのデスクを使って作業したのですが、企業のデスクで仕事をするというのは良い経験でした。会期中は班としての大きな役割はないので、他の班の動きを見て視野を広げることができました。反省点としては、渉外班との連携はきちんとマニュアル化した方がいいと思います。収支をまとめるマニュアルもないので、その辺をきちんと決めておくべきでした。次回はそういったことを改善していければ良いと思います。

森川 クリティーク班は建築家の先生方と実際に会って打ち合わせをするので、建築の仕事をされている方と接することができたのは大きな経験です。普段、学生がコミュニケーションを取れるのは大学の教授くらいなので、審査員の先生方と打ち合わせの後に少しお話できたことは学びになりました。反省点として一番大きいのは巡回審査での時間の管理です。全作品を回り切るのに最後の数作品は駆け足になってしまいました。審査員の先生のペースもあり難しいのですが、審査の公平性を保つ

ためにはきちんとやらなければいけないので、次回は改善できればと思います。

小林 デザイン・書籍班は会期前の活動が中心ですが、メンバーへの仕事の割り振りはきちんとできていたので、皆の進捗状況を常に把握しておくことを意識しました。皆の返信が早かったので状況はすぐに掴めたのですが、文面でというよりはやはり対面でできた方がいいと思います。7月に対面でミーティングをした時に、直接説明することでよりわかりやすく状況を伝えることができ、コミュニケーションが大事だということを改めて学びました。会期中は班としての仕事が何もなくて、周りの状況をあまり理解できていなかったのでテキパキ動けず、そこが反省点です。特にデザイン・書籍班は他の班の動きがわからないので、田中さんが言っていたように、他の班のことも情報共有できるよう次回は改善してもらえればと思います。

本谷 僕はこういう団体に入ること自体が初めてだったので、組織としての活動や、幹部としてどう動くのかが学べました。企業の方と関われたこともとても勉強になりました。割とズボラな性格なので、適当なところや抜けているところがあったり、初めて参加したので何をしていいのかわからなかったりと、実行委員長を上手くサポートできなかったところは反省点です。皆が言うように、やはりコミュニケーションをどう取れるようにするかが次回の課題だと思います。

阿部 これまでリーダーの立場になるということ自体は割と経験してきたのですが、今回、実行委員長になるという選択肢もあるなかで副実行委員長を選びました。僕は委員長という立場になると敵をつくってしまうところがあったので、そこは関口さんがとても上手なので見習ってきたつもりです。ここで学ばせていただいたことはやはりコミュニケーションの取り方で、会を運営するうえで重要なことなので、人とのつながり方はとても意識して取り組み、達成できたのかなと思います。反省点はたくさんありますが、幹部のなかでの連携が上手くできていなかったので、情報共有をもっと上手くできれば良かったです。次回以降もコミュニケーションというところが重要だと思

います。この組織自体がいろいろな学校からメンバーが集まっていて、建築学科の学生ということで皆とても忙しいので、オンラインでのミーティングやSlackといったツールを使うという運営方法は今後も変わらないかもしれません。そのなかで幹部と他のメンバーの関わりをどう上手くつくっていくかが課題だと思います。そこを円滑にできればこの会はもっと良くなるはずです。

関口 私も委員長やリーダーという立場は経験がありました。しかし、やはり今までの経験と大学生になってからの経験は違うもので、さらに企業が関わり大きなお金も動くイベントなのでとても難しかったです。自分のなかでこういう団体で人をまとめることの概念が変わり、なかなかできない経験をさせていただきました。その時は一生懸命やって自分では上手くいったと思ったことも、今思い返すと上手くできていなかったことが多々あったと思います。情報共有を徹底的に頑張ろうと思ってやってきたつもりですが、私が幹部をまとめて、さらにその班員の方々もまとめるのかという線引きが難しく、何をまとめたらいいのかがあやふやになることもあり、皆に迷惑を掛けたかもしれません。会期が終わってからはっきりと気づいたのは、今回は2回目の開催で、実行委員には前回参加した人だけでなく初めての人もいることです。それぞれのメンバーが異なる不安を持っているということに気づかないまま進めてしまったことで、より一層不安を感じていた人もいたと思います。

Q 次の実行委員長に期待することは？

関口 とにかく一生懸命やることです。建築学縁祭の実行委員長という立場は誰も経験したことがないものなので、おそらく完璧にできる人はいないと思います。とにかく、その時一生懸命やっていれば間違いではないということを意識して、ひたすら頑張って前に進むことを期待します。私もその点では悔いはありません。

〜Rookie選〜に加え、豊かな建築写真を通して学生同士でつながろう！

テーマ

~ 趣旨 ~

空間を対象とした
『繋』のみえる写真を募集する。
建築は「空間」を創造する。
「空間」は必ずしも、
建築が生み出すものではない。

建築物だけではない
なにかが構成した空間を考えることで、
今度はその構成された空間から
建築物を創造できるのではないかと考える。

建築を創造する
新たな手掛かりとなることを期待する。

『繋』

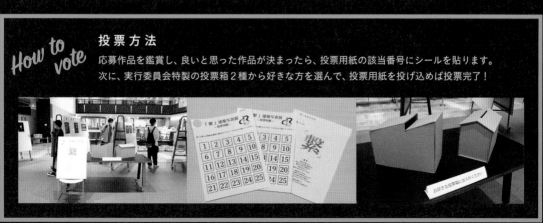

投票方法

応募作品を鑑賞し、良いと思った作品が決まったら、投票用紙の該当番号にシールを貼ります。
次に、実行委員会特製の投票箱2種から好きな方を選んで、投票用紙を投げ込めば投票完了！

No.8

No.19

No.8
「祖父の気配」
半田 洋久（芝浦工業大学2年）

夕暮れ時、祖父は家を離れて散歩をしていた。残った私は、家の中をぶらぶらと歩く。その家を建てるとき、祖父は「どこにいても庭を感じられる家にしてほしい」と依頼したそうだ。廊下から見た和室には、椅子が置かれていた。畳には木漏れ日が落ち、半分開かれた障子の外には竹が植えられている。そこは、まるで揺らいでいるようであった。

No.19
「暗光 ー表裏一体の『繋』を探るー」
平林 慶悟（東京電機大学大学院1年）

光は光だけでも輝くことができるが、暗闇はそれだけでは輝くことができない。しかし光があることで暗闇は引き立ち、一つの魅力をつくり出す。この写真は暗闇の奥に海が広がっているが、その海は一種の光とも見える。光は空間に輝きを生み出すがその先の景色をかき消すものにもなるのである。光と暗闇は表裏一体であり、これらがつながりをつなぎ魅力を引き出す。空間をつくり、つなぐ「暗光」は「繋」を体現しているのではないか。

No.9

No.25

●**優秀賞**

No.9「灯りのもとに集う」
高田　真之介（慶應義塾大学3年）

夜の東京の町。軒先に吊るされた無数の提灯の灯りに惹きつけられ、人々は横丁にやってくる。壁を感じず、人と人との距離が近いこの場所では、至る所から愉快な会話が聞こえてきそうだ。また皆で気兼ねなく卓を囲むことができる日が来ることを願って、シャッターを切った一枚。

●**実行委員賞**

No.25「休憩」
鈴木　千純（日本大学3年）

燃えるように咲き誇る彼岸花の海。何の変哲もない空間にベンチ一つ置く。すると不思議と人々はその場で歩みを止める。前の人の置き土産は今度は誰に届くかな？

No.1

No.2

No.3

No.4

No.6

No.5

No.7

No.10

No.11

No.12

No.13

No.14

No.1「2021年から縁を引き継ぐ、繋がる。」
川合 由真（文化学園大学4年）
第1回目と会場を変えて行われる建築学縁祭。「繋」というテーマから前回の学縁祭にまつわる写真を選びたいと考えました。お揃いのTシャツを着た実行委員と模型が並ぶ会場の姿などがこの先も引き継がれ、多くの人の縁がつながっていくことに貢献される会となっていってほしいと思います。

No.2「多様性」守屋 陽平（日本大学4年）
図書館という縛られた印象の空間から、自由で多様性が混じりあっていく空間になってほしいと考えた。この写真ではさまざまな使われ方が表現できているのではと考える。

No.3「壁。」鈴木 大河（千葉工業大学大学院1年）
我々は、みんな家族という構成によって部屋を隔てている。だけど、その家族が集まることによって集合住宅という一つの建物が生まれる。区切られているそこにもつながりがある。光にはつながりがある、それぞれの光は模様となり、一つの景色を映し出してくれる。

No.4「虹のカーテン」
伊藤 香音／小林 真歩／末原 千寿／松本 ひかり
（関東学院大学4年）
大学構内にある吹き抜け空間において、多彩な釣り糸を扇型に張り巡らせた。上から吹き抜けを覗き込むと鮮やかな色の線が見えるが、下から見上げるとほとんど見えない。この作品によって、通り過ぎることが当たり前となっている人と吹き抜け空間のあり方に小さな変化が与えられる。それは、人と空間の間に新しいつながりが生まれる瞬間ではないか。

No.5「古往今来」東郷 毅紀（東海大学4年）
空間を対象としたつながりは同じくして時間軸でも「繋」を感じることができる。当時、建物を設計した建築家、建物を始めた少女たちや建物を今まで訪れた方々。そしてこの写真を撮った自分自身、時代や理解は違えども、この窓から漏れる光とそれに照らされる家具や床、その情景で確かに歴史と記憶を辿り「繋」を感じることだろう。

No.6「手を取りあう展望台」奥山 黎（東洋大学2年）
富津岬にそびえる明治百年記念展望塔。海風にさらされながらも力強く残っている。360°開いた敷地で、登るたびに変容する景色に訪れた人は立ち止まり、眺め、写真を撮りながら頂上を目指す。

No.7「人の営み」松村 優希（工学院大学4年）
一生を終えた人々が眠る墓地。そこから見えるまちには多くの建物が建ち並び、人々が生き、暮らしている。江戸時代から続く寺院の向こうでは、今まさに巨大なタワーマンションやオフィスビルが建てられようとしている。「まち」は人々の営みが受け継がれてきた証である。
今日もまた命のバトンが誰かから誰かの手へとつながっていく。

No.10「人々が繋がる」本谷 慶（東京電機大学2年）
上野駅公園口前にあるランドスケープ、ここは待ち合わせ場所となり、人々をつなぐ役割をしている。またここは座り話をしたり、軽食を食べたりし、人々がつながることができる場所となっている。

No.11「遠くの近景」松野 駿平（日本大学4年）
球体に朝日が投影されて、絶対に届かないものが手元に引き寄せられている。1億5千万キロ先の対象と、いまここにいる私がつながる瞬間である。

No.12「うみがつなぐ」細田 雅人（芝浦工業大学2年）
海辺には特別な建築があるわけじゃない。しかし、泳ぐ人がいたり寝てる人がいたり本を読む人がいたり音楽を楽しむ人がいたり、知らない人々が同じ平面上でそれぞれ好きなことをしている。海辺ではお互い干渉し過ぎないけれど、全員の意識が同じ方向に向く。この一体感が心地いいんだ。

No.13「過去との繋がり」吉野 俊輔（東京電機大学2年）
上野の国立西洋美術館。ここでは14世紀から20世紀までの西洋画につながることができ、当時クロード・モネなどが見たであろう世界や美的センスを知ることができる。

No.14「帰り道」宮澤 佑典（明治大学3年）
学校から駅までの間にある階段。この階段は豊かな緑に囲まれていて、通常階段に求められるただ高さの異なる場所を結ぶ役割だけでなく、木々によってできたトンネルのような異なる空間をつなぐ役割を持つのではないか。

No.15

No.16

No.17

No.18

No.20

No.22

No.21

No.24

No.15「祭壇」
平塚 柊真（東京電機大学2年）

この建物はドイツ・ブレーメンにある聖ペトリ大聖堂。その中の祭壇部分を切り取った写真である。中央にイエス・キリストを祀りレベル差を付けることで、それを主とした祭壇という空間だと認識させる。また、天井をホール状にすることで解放感を生み出し、3方向をステンドグラスで飾ることで盛大に祀られていることがわかる。これらのことで周りの空間と差別化を図りながらも、違和感なく、上手く空間をつなげられている。

No.16「人生の1ページ」
鈴木 北斗（明治大学2年）

以前、長野県の善光寺を訪れた際にその門前町にあった建物を収めた一枚です。ここは藤屋御本陣というレストランで、この日は結婚披露宴のため貸切となっていました。結婚というのは人と人のつながり方が変化する人生における重要なイベントの一つだと思い、応募させていただきました。

No.17「誰かさんと握手」
中村 綾（東京理科大学2年）

静岡県の日本平にて、ハーブ畑に立てられていた看板。このハーブは子羊の耳みたいにふわふわで柔らかいから、ラムズイヤーという名前が付いたらしい。そっと近づいてハーブに触れると、このメッセージを残した誰かさんと握手したみたいな、優しい気持ちになった。どんな人なんだろうな。植物を介して人と人がつながったと感じる思い出の写真だ。

No.18「『今日へ』」
佐藤 彩音（明星大学3年）

今年の八月中旬に仙台に行った際、朝6時ごろ目が覚めて、お散歩をしていて撮った写真です。まだ早い時間で全然人はいないけれど外は明るくて、"あぁ、今日が始まる"と感じて、今日の一日の活動が上手くいきますように、と思いながら歩いたことを覚えています。"今日へ"つながる道を切り取った一枚です。

No.20「生命を繋ぐ」
北 健三郎（東京理科大学2年）

コスモスとそこに集まる蜂に注目した。花は私たち人間から見たら空間と認識しづらいが、蜂の目線から見ると立派な空間である。しかもそこは生命をつなぐ空間となる。蜂が花と花を行き来することで、生命がつながっていく。離れた空間がそこを媒介する者の影響を受け、つながっているのが面白いと思った。このような、媒介者が離れた空間をつなぐように意図されている空間は人間のスケールの空間にも拡張できるのではないだろうか。

No.21「雲と空間」
豊永 嵩晴（東京大学大学院1年）

秋の夕刻、六甲の山の上から見えたオレンジの空は、雲が渦を巻き、その中心からは紫の空が少し覗けていた。向こう側の世界へとつながっているような情景だった。雲がつくる自由な造形が、見えない向こう側の空間を生み出している。

No.22「未来を生きる人へ」
市橋 直弥（芝浦工業大学2年）

紀尾井清堂での展示会『奇跡の一本松の根』展での1枚。震災復興の象徴となった『奇跡の一本松』の根。あれから10年という月日が経った。月日が経てば経つほど震災の記憶が薄れていく。しかし、この根の「生命力の強さ」が現在、そして未来に記憶をつなぐ。コロナ禍で先が見えないなか、この根の美しい姿が、私たちに明日を生きるための活力を与える。

No.23「シティーガール1」
深澤 一弘（東京都市大学2年）

月曜の朝、女性が一人で喫茶店に訪れる。自分の生活空間から離れ、現実と虚構の狭間で自分の存在を問う。食事をし、珈琲を飲む。その一つひとつの所作が生を鋭くする。生きるとは割合単純ではなかったか。そこにこそ生活芸術とも呼べる美しい都市生活者の様相が都市文化の象徴である喫茶店に映し出される。一人が都市とつながるということが社会が人間中心となるということではなかったか。人間都市、東京にて。

No.24「陰翳」
大貫 壮琉（日本工学院八王子専門学校2年）

生田緑地にて。

[総投票数]
210票

[最優秀賞]
No.8「祖父の気配」
36票

[優秀賞]
No.19「暗光 −表裏一体の『繋』を探る−」
28票

No.9「灯りのもとに集う」
20票

実行委員賞の選出について

「No.25の作品は、提出された作品のなかで最も写真展のテーマである『繋』が見られると思います。何の変哲もない空間にベンチがあることで、同じ空間にいる人と人とで『繋』が生まれベンチに『置き土産』があることで、その空間にいない人とも『繋』が生まれると想像できました。ベンチと置き土産は建築物ではないですが、建築を創造する新たなきっかけになると考えます。」

（建築学縁祭学生実行委員会）

建築学縁祭2022

学生実行委員会 オリジナルデザイン紹介

建築学縁祭では、学生実行委員会が大会ロゴ、名刺、Tシャツ、公式ホームページなど
さまざまなデザインを制作しています。実行委員たちが、建築学縁祭をより一層盛り上げるべく、
また、これからも長く続くイベントとなるように願いを込めた、建築学縁祭オリジナルのデザインを紹介します。

○大会ロゴ

建築学縁祭の大会ロゴは、第1回大会のロゴを
ベースに「2022」を追加。元のロゴを生かすため、
「2022」のフォントは「建築学縁祭」の文字と同
じものを使用しています。"0"を"縁"に見立て、文
字と同色かつ"0"のなかにつながりを表現。また
"2"には、よく見るとさまざまな色の点描が施されて
います。

○名刺

審査員や協賛企業、後援団体など多くの人と関
わる建築学縁祭で、学生実行委員たちにとって欠
かせないのが名刺。大会ロゴの一部を拡大し、白
抜きで大胆に配置されたデザインで、公式ホーム
ページへリンクするQRコードも大きく記載。多くの
人の手に渡り、建築学縁祭をアピールするツール
です。

○ホームページ

建築学縁祭の情報を世界に向けて発信する公式
ホームページは、広報班による制作。大会ロゴの
"縁"の色をイメージカラーとして、イベントとしての
統一感を表現しつつ、シンプルで見やすいつくりと
なっています。建築学縁祭のあらゆる情報にアク
セスでき、作品エントリーの窓口でもある、イベント
の軸となる存在です。

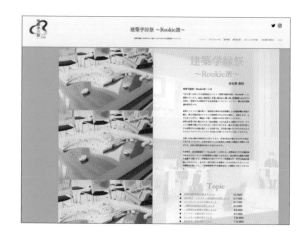

Model：Yurina Sekiguchi / Ryota Abe

○Tシャツ

学生実行委員たちが会場で着用しているオリジナルTシャツ。性別に関係なく着やすく、組み合わせた色を目立たせる効果のある黒をメインカラーに採用しています。表には大会ロゴの"縁"マークを3色で組み合わせ、裏面には「建築学縁祭 〜Rookie選〜」の文字と併せて、"縁"マークを白で大きく配置。ダイナミックな仕上がりとなりました。

第1回から受け継いだアイテム

横断幕

建築学縁祭の会場の雰囲気を盛り上げるのが、第1回大会のデザイン・書籍班、会場班の共同制作による横断幕。大会ロゴが中心に据えられたデザインで、場内に高々と掲げられる、正に大会のシンボルです。

模型台

第1回大会の模型台制作チーム謹製、建築学縁祭オリジナル模型台。模型が見やすいよう高さを900mmとし、プレゼンボードを手前に配置するなど、発表者のプレゼンテーションのしやすさと、審査員や観覧者の見やすさを追求して設計されています。

建築学縁祭学生実行委員会 メンバー

実行委員長
関口 結理奈（文化学園大学3年）

副実行委員長
阿部 凌大（神奈川大学3年）　　　　　本谷 慶（東京電機大学2年）

総務会計班
リーダー 大石 純麗（神奈川大学3年）
磯田 健太（東京理科大学2年）　　　　奥島 千晶（東京都市大学2年）　　　　小森 海渡（中央工学校2年）
中野 宏太（東京電機大学2年）

広報班
リーダー 森 亮太朗（東京理科大学2年）
飯ケ谷 啓介（日本工業大学3年）　　　井上 莉子（女子美術大学3年）　　　　小池 広輝（明治大学3年）
佐々木 美月（文化学園大学3年）　　　清水 勇佑（日本大学大学院2年）　　　白岩 祐介（日本工業大学3年）
吉川 綾乃（文化学園大学3年）　　　　渡辺 碧（日本工学院八王子専門学校2年）

クリティーク班
リーダー 森川 颯斗（明治大学3年）
伊澤 歩夢（明治大学2年）　　　　　　岩下 新史（明治大学2年）　　　　　　筧 健太（日本工学院八王子専門学校2年）
坂本 慶次（東京理科大学2年）　　　　中村 綾（東京理科大学2年）　　　　　西脇 莉子（東京電機大学2年）
堀内 麻由（日本工学院八王子専門学校2年）　宮澤 佑典（明治大学3年）　　　依本 晃希（工学院大学2年）

渉外班
リーダー 土橋 洸太（法政大学2年）
阿久澤 凛央（日本工業大学3年）　　　石川 優希（明治大学3年）　　　　　　石山 結貴（早稲田大学2年）
鈴木 北斗（明治大学2年）　　　　　　大家 菜摘（明治大学2年）　　　　　　瀧澤 清佳（日本工業大学3年）
内藤 颯人（明治大学2年）　　　　　　中島 寛人（日本工学院八王子専門学校2年）　成田 純明（日本工学院八王子専門学校2年）
長谷川 珠瑠（明星大学3年）　　　　　三上 綾菜（日本工学院八王子専門学校2年）

デザイン・書籍班

リーダー 小林 真歩（関東学院大学4年）

川合 由真（文化学園大学4年）	菅谷 心洋（東京電機大学2年）	松本 ひかり（関東学院大学4年）
三輪 知弘（東京理科大学2年）	池田 岳（日本工業大学3年）	齋藤 一樹（日本工業大学3年）

会場運営班

リーダー 幾田 雄也（東京電機大学2年）　**リーダー** 田中 里海（日本工学院専門学校2年）

生駒 碧（東海大学3年）	井関 亜美（東京家政学院大学3年）	井上 朱梨（多摩美術大学1年）
植木 七海（多摩美術大学1年）	内野 綾音（東京家政学院大学3年）	江口 琉（明治大学3年）
岡田 花音（文化学園大学3年）	小川 海（明治大学2年）	荻野 涼（多摩美術大学1年）
小倉 瑠斗（日本工学院八王子専門学校2年）	尾崎 樹（早稲田大学2年）	越智 雪萌（多摩美術大学1年）
片野 実地子（文化学園大学4年）	金澤 篤（千葉大学2年）	金森 千晶（武蔵野美術大学2年）
金光 陸（早稲田大学1年）	川崎 くるみ（文化学園大学3年）	川島 衣千鶴（明治大学3年）
神戸 美菜（明治大学3年）	北島 菜奈花（明星大学3年）	君野 冬芽（明星大学2年）
木村 海心（日本工業大学3年）	小林 翔（関東学院大学3年）	小林 璃虹（文化学園大学2年）
齋藤 舞奈（文化学園大学2年）	櫻田 涼平（明治大学3年）	佐々木 香潤（文化学園大学3年）
佐々木 理彩（法政大学2年）	佐藤 航太（日本大学3年）	座間 ゆず子（明治大学3年）
塩崎 未琴（明治大学3年）	塩野谷 健琉（関東学院大学3年）	嶋田 恵達（工学院大学1年）
島田 真佑子（日本工学院専門学校1年）	嶋津 朋宏（工学院大学3年）	四郎丸 光希（千葉工業大学3年）
須藤 心菜（文化学園大学1年）	園田 はる菜（文化学園大学2年）	高村 奏汰（日本工業大学3年）
田中 佑季乃（青山製図専門学校2年）	田辺 悠馬（東京理科大学3年）	谷口 伶央（工学院大学3年）
谷治 圭梧（青山製図専門学校2年）	唐 継尭（日本工学院八王子専門学校2年）	中川 智貴（明星大学2年）
永田 千理（東海大学3年）	西真 剛（日本工業大学3年）	長谷川 夏希（東京家政学院大学1年）
服部 リり花（文化学園大学2年）	浜口 真治（早稲田大学芸術学校2年）	日吉 亜美（工学院大学1年）
廣田 芽生（明治大学3年）	福泉 麻奈（文化学園大学2年）	藤井 良依香（東京家政学院大学3年）
藤巻 胡桃（明治大学2年）	古田 朱野（東京理科大学2年）	Beatrice Sonia Ferlisan（早稲田大学2年）
眞崎 聡人（東京電機大学2年）	丸山 遥（青山製図専門学校2年）	宮田 麗（武蔵野大学2年）
宮地 幸助（明治大学2年）	矢島 なつき（東京家政学院大学3年）	矢野 竜也（明星大学2年）
山下 愛奈（東海大学3年）	山背 遥加（文化学園大学3年）	横山 憩（工学院大学1年）
吉川 龍騎（明星大学2年）	吉田 海矢（東京電機大学2年）	吉村 優里（武蔵野美術大学3年）
吉森 光彩（日本工学院専門学校2年）	米田 翼（早稲田大学芸術学校2年）	漁長 美来（工学院大学1年）
渡辺 椎菜（工学院大学2年）	渡部 怜（文化学園大学3年）	

大同工業株式会社

大和ハウス工業

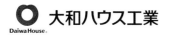

東畑建築事務所
TOHATA ARCHITECTS & ENGINEERS, INC.

建築学縁祭2022

主催
総合資格学院／建築学縁祭学生実行委員会

会場
工学院大学 新宿アトリウム

建築学縁祭運営事務局

事務局長
田中 雅弘

副事務局長
竹谷 繁　　佐藤 勝美

事務局
鈴木 信宏　　増田 郁弥

協賛

ポラス 株式会社

メルディアグループ／株式会社 三栄建築設計

株式会社 類設計室

株式会社 梓設計

積水化学工業 株式会社

株式会社 日刊建設工業新聞社

株式会社 日刊建設通信新聞社

有限会社 EOSplus

株式会社 久米設計

株式会社 建報社

JFEシビル 株式会社

株式会社 住宅新報

スターツCAM 株式会社

住友林業ホームエンジニアリング 株式会社

株式会社 綜企画設計

大同工業 株式会社

大和ハウス工業 株式会社

東亜建設工業 株式会社

株式会社 東畑建築事務所

法匠会(法政大学建築学科同窓会)

如学会(東京都市大学建築学科同窓会)

後援

一般社団法人 日本インテリアコーディネーター協会

他の追随を許さない唯一無二の「講習システム」と「合格実績」

令和4年度 **1級建築士** 学科・設計製図試験

[令和4年度 学科＋設計製図]
**全国ストレート
合格者占有率**

No.1

57.9%

他講習
利用者
＋
独学者 / 当学院
当年度
受講生

全国ストレート合格者 **1,468**名中／当学院当年度受講生 **850**名

令和4年度 **1級建築士** 設計製図試験 卒業学校別実績(合格者数上位10校)

**右記学校卒業生
当学院占有率**

58.1%

右記学校出身合格者 807名中／
当学院当年度受講生 469名

	学校名	卒業合格者数	当学院受講者数	当学院占有率		学校名	卒業合格者数	当学院受講者数	当学院占有率
1	日本大学	149	91	61.1%	6	工学院大学	63	48	76.2%
2	東京理科大学	123	67	54.5%	7	明治大学	60	34	56.7%
3	芝浦工業大学	96	62	64.6%	8	法政大学	56	33	58.9%
4	早稲田大学	79	36	45.6%	9	神戸大学	55	28	50.9%
5	近畿大学	74	46	62.2%	10	千葉大学	52	24	46.2%

 総合資格学院

東京都新宿区
西新宿1-26-2
新宿野村ビル22階
TEL.03-3340-2810

スクールサイト
www.shikaku.co.jp 総合資格 検索

コーポレートサイト
www.sogoshikaku.co.jp